Holger Obermann

Und alle träumen von **Pele**

Meine Erlebnisse am Gambia-River

© 1989
Consens-Verlag Hellmuth Hirschel
7000 Stuttgart-Botnang

Umschlag/Buchlayout/Satz
atelier Wolf-Dieter Kocher, 7024 Filderstadt 4

Illustrationen der Zwischentitel
Barbara Obermann

Fotos
Werner Feldmann • Holger Obermann

Reproduktion
repro GmbH, 7014 Kornwestheim

Druck
staib + mayer, 7000 Stuttgart 1

ISBN 3-926729-06-6

Erstauflage: 10 000 Exemplare

6. Buch aus dem Consens-Verlag

Inhaltsverzeichnis

Inhaltsverzeichnis

Vorwort

Den Wunsch, ein grosser Fussballspieler zu werden, hatte ich schon zu Zeiten meiner Kindheit. Heute weiss ich: es kam mir zugute, dass ich in bescheidenen Verhältnissen aufwuchs – dass ich mir also, wie meine Freunde am Gambia-River, alles regelrecht erarbeiten musste, ehe ich meinen ersten Profivertrag unterschreiben durfte.

Ich habe schon früh gelernt, dass Talent allein nicht ausreicht, um einmal ein Fussballstar zu werden. Vor allem Trainingsfleiss, Energie und Durchsetzungsvermögen ebneten mir den Weg nach oben. Das ist ohne Widerstände und Rückschläge, ohne Enttäuschungen nicht möglich.

Ich bin froh, dass ich während und nach meiner Karriere den Kontakt zur fussballbegeisterten Jugend nie verloren habe und es mir möglich war, die jungen Menschen von der Bedeutung des Sports auch ausserhalb der grossen Arenen zu überzeugen, nicht zuletzt in den Ländern der Dritten Welt. Dort ist es vorrangig, den Fussballsport als wichtiges soziales Element anzusehen, als Chance, den Gemeinschaftssinn zu fördern, den Charakter zu formen und die Lebensfreude zu erhalten.

In diesem Sinne wünsche ich dem Fussball in Gambia und meinem Namensvetter aus Serekunda, von dem in diesem Buch die Rede ist, weiterhin viel Erfolg auf dem Weg nach oben.

Von Holger Obermann, den ich seit vielen Jahren kenne und schätze, hoffe ich, dass er noch lange mit soviel Engagement als Fussball-Entwicklungshelfer tätig ist, in Afrika und überall, wo der Fussball auf dieser Welt Hilfe benötigt.

Pelé

Edson Arantes do Nascimento Pele
Rio de Janeiro, März 1989

4 WM-Teilnahmen,
davon 3mal Weltmeister
1958 — 1962 — 1970

112 Spiele in der brasil.
Nationalmannschaft —
97 Tore

1114 Spiele für FC Santos —
1088 Tore

106 Spiele für Cosmos,
New York — 64 Tore

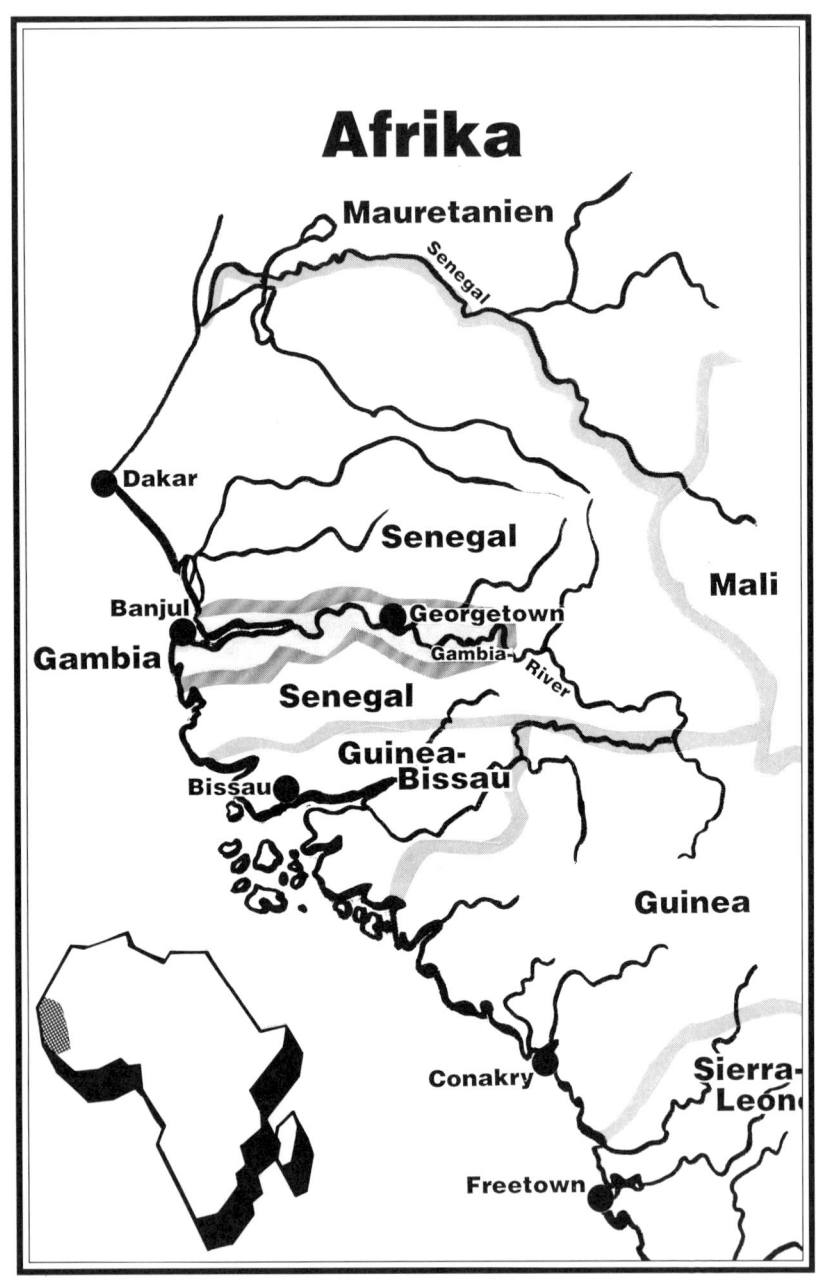

Afrika

Mauretanien

Senegal

Dakar

Senegal

Mali

Banjul

Georgetown

Gambia

Gambia·River

Senegal

Guinea-Bissau

Bissau

Guinea

Conakry

Sierra-Leone

Freetown

8

Fussball in Afrika

Bei der Rallye Paris – Dakar kann es kaum abenteuerlicher zugehen. Fred, mein afrikanischer Begleiter, holt aus der giftgrünen Klapperkiste das Allerletzte heraus. Wir jagen durch die Stadt Serekunda. Im Licht der gerade untergehenden Sonne und in Anbetracht der hohen Geschwindigkeit erkenne ich die Menschen nur als Silhouetten. Sie bringen sich oft nur mit letzter Kraftanstrengung und blitzartigen Bewegungen in Sicherheit.

Zählt ein Menschenleben hier nichts, frage ich mich, wohl wissend, dass mein Fahrer nur den Gedanken verfolgt, noch rechtzeitig zum Flughafen zu kommen, der rund 30 Kilometer vom Stadtzentrum Banjuls, der Hauptstadt Gambias, entfernt liegt.

Mit kreischenden Bremsen biegen wir in die letzte Kurve vor dem Flughafengebäude ein. Fred springt heraus, winkt einen Landsmann im grauen Kittel herbei, der wohl der Parkplatzwächter ist und bedeutet mir mit hastigen Bewegungen, ihm zu folgen.

In der Ankunftshalle wimmelt es von Menschen aller Rassen und Hautfarben. Der Raum wird von einer gerade noch funktionierenden Neonröhre beleuchtet, die Luft empfinde ich als wenig reizvolle Mischung aus ranzigem Fett und schlechtem Parfüm.

Im nächsten Augenblick tönt es aus dem Lautsprecher, der direkt über unseren Köpfen hängt und lediglich an einer dünnen, verrosteten Kette befestigt ist:

"AFRICAN AIRLINES ANNOUNCES THE ARRIVAL OF FLIGHT-NR. 004 FROM FREETOWN – SIERRA LEONE!"

"Das haben wir gerade noch geschafft!" sagt Fred und fährt sich mit der Hand über die Stirn, ohne den wegfliessenden Schweiss stoppen zu können.

Fred ist vom Nationalen Olympischen Komitee Gambias beauftragt worden, mit mir die Fussball-Nationalmannschaft von Sierra Leone zu begrüssen. Am Sonntag ist sie unser Gegner in einem Qualifikationsspiel zur Teilnahme am Olympischen Turnier.

Während die Passagiere den etwa 50 Meter langen Weg vom gerade gelandeten Flugzeug zum Gebäude zu Fuss zurücklegen und nur wic cine schleichende Karawane vorankommen, erzählt mir Fred, dass dieser Flughafen, inzwi-

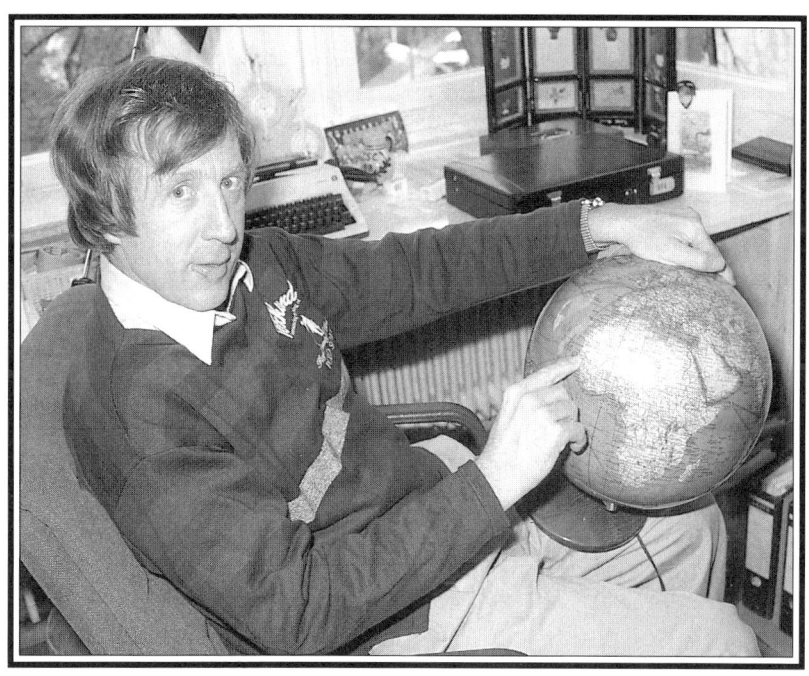

Ein Weltenbummler in Sachen Fussball: Der Autor.

11

schen modernisiert und auch für den Anflug von Grossraum-
flugzeugen mit sonnenhungrigen Touristen aus Europa aus-
gebaut, bereits im Jahre 1934 Zwischenstation einer deutschen Lufthansa-Maschine auf ihrem ersten Atlantik-Flug
von Deutschland nach Südamerika war. Auch der berühm-
te Zeppelin benutzte auf dem Weg über den Atlantik die kleine Wüstenpiste und den hier ins Meer mündenden Gambia-
River als Orientierungshilfe. Es handle sich also, so Fred
voller Stolz, um einen historischen Ort der Luftfahrtpionie-
re.

Zuletzt steigt das Team aus Sierra Leone aus dem Flugzeug. In ihren Klubanzügen mit orange-farbenen Krawatten
bilden die Spieler einen unübersehbaren Kontrast zum Gewirr der ankommenden Fluggäste mit ihrem exotischen
Handgepäck, bestehend aus Vogelkäfigen, riesengrossen
Kartons, Plastiktüten, Körben.

Am Yundum-Flughafen, der einem bunten Jahrmarkt zur
besten Einkaufszeit gleicht, frage ich mich, wie das alles
funktionieren kann: Passkontrolle, Einreiseformalitäten, Zol-
labfertigung... Aber dann geht doch alles viel flotter als erwartet.

*****

Es ist Freitag. Das Spiel gegen Sierra Leone soll am Sonntag im "Stadion der Unabhängigkeit", das von Chinesen auf
der Basis eines langfristigen Darlehens gebaut wurde, statt-
finden.

In Afrika ist die Teilnahme an einer Olympia-Qualifikation
gleichzusetzen mit der Besteigung eines Achttausenders
ohne Sauerstoffmasken. Denn die Chance, einmal bei den

Olympischen Spielen dabei zu sein, ist für die Fussball-Zwerge an der westafrikanischen Küste von Anfang an ein Unternehmen ohne die grosse Hoffnung auf Erfolg. Sollte sich die Mannschaft an der Westküste qualifizieren, träfe sie auf die verschiedenen Sieger der Zonen. Aber auch das wäre keineswegs sicher, denn politische Spannungen verhindern oft einen geregelten Spielverkehr, lassen alle Aktivitäten zur Farce werden, noch ehe irgendwo ein Anstoss erfolgt ist. Die grossen Entfernungen kommen hinzu. Sie machen es schon aus wirtschaftlichen Gründen unmöglich, Chancengleichheit zu erreichen. Doch dem Ehrgeiz, wenigstens in der Region Meister zu werden, tut das alles keinen Abbruch. Und so wird das bevorstehende Spiel gegen Sierra Leone vorweg bereits zum Finale deklariert.

Mir soll das recht sein. Die Motivation ist da. Ein ganzes Land fiebert einem grossen Spiel entgegen.

Grosser Einsatz, kleine Prämien: Fussball in Gambia.

Ich muss viele Hände schütteln, empfinde den Optimismus als Herausforderung. Dann begrüssen Fred und ich die Mannschaft aus Sierra Leone.

Der Fussball-Präsident aus Freetown, nach seinem äusseren Habitus ein wohlhabender Mann, bedankt sich für den freundlichen Empfang, verteilt kleine Wimpel und Anstecknadeln.

Die Spieler nehmen in einem kleinen Bus Platz, der normalerweise die Hafenarbeiter nach Banjul zu ihren Arbeitsplätzen bringt. Mister Njie, der Präsident des Erstliga-Klubs von Ports Authority, der Hafenbehörde, hat ihn zur Verfügung gestellt.

Ich begleite unsere Gegner aus Sierra Leone bis in die Stadt, wechsle auf der Fahrt ein paar freundliche Worte mit den Mitgliedern des Komitees und dem Präsidenten.

Es gibt, so wird mir gesagt, keine Rivalitäten zwischen Sierra Leone und Gambia. Der Präsident, übrigens ein Fan von Bayern München, betont immer wieder: "Wir sind Freunde. Der Bessere soll gewinnen!"

Das Team aus Sierra Leone wohnt im Friendship-Hotel direkt neben dem Stadion. Um das 30köpfige Aufgebot einzuquartieren, sind sechs Betten pro Zimmer aufgestellt worden.

Die kleine Empfangshalle ist noch zu später Stunde vollgepackt mit Menschen, die sich lebhaft bis Mitternacht eine Menge zu sagen haben.

*****

Gedankenaustausch mit dem Fussballpräsidenten von Gambia.

Sonntag. "Passkontrolle!" verlangt der Schiedsrichter aus Mali. Wir sitzen in der Umkleidekabine des Stadions, und sein Wunsch ist uns Befehl.

40 000 sind gekommen. Ausverkauft! Eine Mark für einen Stehplatz, drei Mark für einen Sitzplatz – die Mehrzahl der Besucher hat einen Monat lang, Tag für Tag, ein paar Dalasis beiseitegelegt, um dabei zu sein.

Beim Warmmachen gehe ich an der Kabine des Gegners aus Sierra Leone vorbei. Es ist nur ein schmaler Spalt, der mir von aussen den Durchblick verschafft. Sehe ich richtig? Träume ich? Der Schiedsrichter aus Mali packt etwas in seine mitgebrachte Tasche, nickt mit seinem Kopf als wollte er sagen: "Ist in Ordnung, Dankeschön!" Noch ehe ich

15

einen Zeugen finde, ist der Spuk vorbei. Der Schiedsrichter hat die Kabine schon wieder verlassen. Wilde Gedanken schwirren mir durch meinen Kopf. Kann es möglich sein, dass er gerade ein paar Bündel Geldscheine kassiert hat? Ich verdränge den Verdacht, will niemanden verunsichern.

Das Spiel beginnt. Meine Mannschaft dominiert klar. Doch spätestens in Strafraumnähe pfeift der Schiedsrichter ab. Mal entscheidet er auf Abseits, mal auf Foulspiel. Was wird hier gespielt?

Ein gambischer Stürmer wird im Strafraum gefoult. Kein Pfiff. Ein herrlicher Pass eröffnet einem meiner Angreifer die Möglichkeit, aus guter Position heraus zum Torschuss anzusetzen. Wieder ein Pfiff. Abseits! Unmöglich, denke ich.

0:0 zur Pause. Ich habe aber Hoffnung, dass sich das bessere Spiel meiner Mannschaft doch noch in Toren ausdrückt. Die zweiten 45 Minuten. Es ändert sich nichts. In der Hälfte des Gegners wird alles abgepfiffen.

Ich bin wütend. Als einer meiner Spieler verletzt am Boden liegt und ich ihn behandeln will, steht plötzlich der Schiedsrichter aus Mali neben mir. "Sie haben hier nichts zu suchen", herrscht er mich an, "zurück auf die Bank!"

Ich protestiere. Denn zwei Vertreter dürfen auf das Feld, wenn ein Spieler der eigenen Mannschaft verletzt ist. Doch der Pfeifenmann aus Mali ist unerbittlich. "Verschwinden Sie, oder ich werfe Sie aus dem Stadion!" schnauzt er mich an.

Ich ziehe mich zurück, versuche einem weiteren Konflikt aus dem Weg zu gehen.

Fünf Minuten vor Spielende prallen Gambias Vorstopper und der Mittelstürmer aus Sierra Leone zusammen, bleiben am Boden liegen.

Freistoss für Gambia, denke ich. Falsch gedacht!

Der Schiedsrichter geht mit majestätisch anmutenden Schritten zum Elfmeterpunkt.

Ich verstehe die Welt nicht mehr. Die 40 000 Zuschauer im Stadion toben, werfen Gegenstände aufs Spielfeld. Doch der Schiedsrichter bleibt bei seiner Entscheidung. Ich rede mir ein: Bleib ruhig, ganz ruhig!

Der gegnerische Spieler mit der Nummer 10 nimmt Anlauf, täuscht nach links an, schiesst jedoch in die rechte Ecke. Torhüter Ali Samba fliegt durch die Luft – und hält! Im Stadion spielt sich ein Freudenfest ab. "Ali, Ali!" schallt es von den Rängen.

Die letzten fünf Minuten. Ein Steilpass auf Gambias Mittelstürmer Aziz Corr, ein Schuss aus der Drehung, wie von Gerd Müller abgeschaut. Der Ball landet im Netz. Ein einwandfreies Tor! Doch der Schiedsrichter entscheidet, ohne auf seine Linienrichter zu sehen, auf Abseits.

Das Stadion kocht.

Überall sehe ich Gestalten in dunklen Anzügen: Sicherheitspolizei. Die letzten Spielminuten gehen unter in wildem Protest der Zuschauer. Dann pfeift der Schiedsrichter ab. Ich fluche, trete mit Vehemenz gegen die Eisbox, die in hohem Bogen aufs Spielfeld fliegt. 0:0. Betrogen um den Sieg!

In den Kabinengängen setzt sich das Chaos fort. Spieler prügeln sich, liegen auf dem Boden. Mein Abwehrspieler Modou Touray blutet aus einer klaffenden Wunde am Kopf. Ein Spieler aus Sierra Leone hat ihm mit einer Latte auf den Schädel geschlagen. Ich bin Arzt und Trainer in einer Person.

Etwa 1 000 Zuschauer rennen auf den Platz, viele stürmen die Kabine des Gegners. Ich höre das Klatschen von Schlägen, dumpfe Geräusche. Im "Stadion der Unabhängigkeit" ist aus einem Fussballspiel eine fast kriegerische Auseinandersetzung geworden.

Zwei Tage lang tagt daraufhin in Banjul das Exekutivkomitee des Westafrikanischen Fussballverbandes. Dann fällt die Entscheidung: Gambia ist der Sieger! Dieser Erfolg wird mit Begeisterung aufgenommen. Bei mir bleibt ein fader Nachgeschmack. Doch die Realität zählt. Wir sind eine Runde weiter in der Olympia-Qualifikation. In Afrika ist vieles anders!

Das Abenteuer beginnt

Das Gebet Allahs weckt mich aus tiefem Schlaf. Ich schaue auf den Wecker. Fünf Uhr morgens; Banjul, die Hauptstadt Gambias, schläft noch. Doch diese Stimme, blechern und immer wieder unterbrochen, hat mich hellwach gemacht. Ich gehe ans Fenster. Die Moschee liegt, das sehe ich, im Morgenlicht, mindestens 100 Meter entfernt. Doch ein grosser Lautsprecher ist genau auf mein Hotel gerichtet. Die Stimme kommt vom Tonband. Im Nebenzimmer brummt ein Ventilator. Er ist so laut wie ein Dieselmotor. Von irgendwoher höre ich heftiges Schnarchen. Meine erste Nacht im Wellington-Hotel, das noch im britischen Kolonialstil erbaut wurde und schon bessere Zeiten gesehen hat, ist vorbei – es juckt und beisst am ganzen Körper. Aus reiner Bequemlichkeit oder Übermüdung nach langem Flug hatte ich das Moskito-Netz nicht über das Bett gezogen. Das ist nun die Strafe!

Ich möchte duschen. Als ich den billigen Plastikvorhang zurückziehe, flitzen dicke Kakerlaken um die Wette. Und wieder diese Moskitos! Auf dem Tisch steht eine noch halb gefüllte Spraydose, die ich in höchster Not ergreife. Doch damit geht das Durcheinander erst richtig los. Aus dem Abflussrohr der Badewanne kommen sie scharenweise heraus, meine schwarzen, dicken Mitbewohner, die Kakerlaken.

Als sie nun auch noch ganz gemächlich über mein Bettlaken krabbeln, ist es aus mit meiner Tierliebe. Mit einem Gummilatschen gehe ich auf Jagd, schlage wild drauflos, treffe kaum. Nach ein paar Minuten gebe ich auf, setze mich in einen Sessel, den ich in Anbetracht seines wenig einladenden Aussehens schon mit einem Handtuch abgedeckt hatte.

Ich lese, döse Stunden vor mich hin, höre den Ventilator nebenan, das Schnarchen.

Draussen wird es heller. Endlich! Autogeräusche und gelegentliche Sirenensignale von den Schiffen am Hafen bringen Abwechslung in die akustischen Impressionen einer unruhigen Nacht.

Ich sehe die Nachricht, die mir Fred Evans, der Vertreter des Nationalen Olympischen Komitees von Gambia, bei der hochschwangeren Mama an der Hotelrezeption hinterlegt hat: Hole Sie morgen früh um acht am Hotel ab!

Die Zeit bis zum Abholtermin schleicht dahin. Endlich klingelt das Zimmertelefon. Fred Evans wartet unten in der Halle. Ich soll mir Zeit lassen. Wenn der gute Mann wüsste, wieviel Zeit ich mir seit fünf Uhr morgens gelassen habe, obwohl ich lieber ausgeschlafen hätte!

Dann stehe ich dem Mann gegenüber, der in den nächsten Monaten zu einem wertvollen Helfer werden soll. Fred sieht anders aus als die meisten Afrikaner: nicht so dunkelhäutig, meist mit Hemd und Krawatte. Sofort fällt mir auf, welch gutes Englisch er spricht.

Voller Stolz zeigt er auf den grünen Wagen französischer Bauart aus dem Jahre 1960. "Das wird der Weggefährte für die nächste Zeit sein!" sagt er. Er zieht ein ganzes Bündel von Papieren aus seiner Westentasche und schmunzelt: "Ist vor zwei Tagen angekommen: die Entwicklungshilfe aus Deutschland!" Mit eben diesen Papieren können wir alles vom Hafen abholen. Na gut, denke ich, es war ja schliesslich vor drei Monaten in Bremerhaven aufgegeben worden:

Die Kolonialzeit hat Spuren hinterlassen: Gambias Hauptstadt Banjul.

Sportartikel, mit denen ich arbeiten soll, die aber auch für verschiedene Sportverbände und Schulen vorgesehen sind.

Die Menschen auf der Strasse grüssen Fred. Sein Vater war Polizeidirektor in Gambia und hat noch immer grossen Einfluss.

Die Sonne wirkt zu dieser frühen Stunde noch wie eine unscharfe Lichtquelle, feste Konturen werden erst in ein bis zwei Stunden wahrnehmbar sein.

Gambia bildet mit seinem Fluss eine Front gegen die

Schöpferische Pause auf dem Markt von Banjul.

zunehmende Ausdehnung der Wüste in der Sahel-Zone. In den Monaten Dezember bis März herrscht Trockenzeit. Im Juni beginnt die Regenzeit. 480 Kilometer erstreckt sich das Land vom Atlantischen Ozean in den Kontinent hinein. An manchen Stellen ist Gambia nur 30 Kilometer breit. Im Nor₅ den und Süden vom Nachbar Senegal eingeschlossen, stellt es aufgrund einer Vereinbarung zwischen Frankreich und England ein typisches post-koloniales Gebilde dar.

Es sind nur ein paar Minuten vom Hotel bis zum Zentrum der Stadt Banjul, die noch geprägt ist von der britischen Kolonialzeit. Das Bild hat sich in den vergangenen 20 Jahren, so scheint mir, kaum verändert. Lediglich einige Bankhäuser überragen die flachen pastellfarbenen Bauten und Hütten. Im Hintergrund sehe ich die weisse Moschee, die mir schon von meinem Hotelfenster aus aufgefallen war.

Die Menschen, etwa 80 000, leben hier auf engstem Raum miteinander. Auf dem Markt werden Südfrüchte und Gemüse angeboten, ausserdem Erdnüsse, Kleider, Kopftücher, Silberschmuck und Produkte aus Leder, Fremden gegenüber mit 100 Prozent Aufschlag.

Aber die Gambier lassen mit sich handeln.

Obwohl Englisch von mindestens 50 Prozent der Bevölkerung gut gesprochen wird, ist das Gewirr der Stammessprachen der Mandingos, der Serahulis, der Fulbe oder der Wolofs dominierend.

Trotz wirtschaftlicher und innenpolitischer Schwierigkeiten, bedingt durch rapide Bevölkerungszunahme, weist Gambia seit der Unabhängigkeit eine für afrikanische Verhältnisse ungewöhnliche Stabilität auf. Durch den kontinuierlichen Fluss ausländischer Wirtschaftshilfe konnten ökonomische Schwierigkeiten bisher unter Kontrolle gehalten werden. Gambia hat eine liberal-demokratische Verfassung und weist eine Regierungsform auf, die freie Wahlen, auch in Afrika nicht die Regel, möglich macht.

"Haben Sie Lust auf ein deutsches Schnitzel?" fragt mich Fred. Er zeigt mir aus dem Auto ein unter grossen Bäumen stehendes Restaurant mit dem Namen "Braustübl". Hunger habe ich nicht, aber auf einen Kaffee willige ich gerne ein.

Die Besitzerin, eine ältere Dame aus Österreich, empfiehlt mir voller Stolz ihre Spezialität, Wiener Zwiebel-Rostbraten, dazu Salzburger Nockerln zum Nachtisch. Sie hat ihren Koch Ali mit der Küche ihrer Heimat vertraut gemacht. An den Tischen im Garten sitzen deutsche Touristen beim Bier. Es ist elf Uhr vormittags.

Wir fahren zum deutschen Konsulat, das der Botschaft in Dakar im Senegal untersteht, und stellen einen ersten Kontakt zu Brigitte Corr her, die aus Deutschland stammt. Seit vielen Jahren lebt sie hier in Gambia, ist verheiratet mit einem Einheimischen.

Frau Corr ist erfreut über die Initiative der deutschen Bundesregierung, mehr für den Sport in Gambia zu tun, erzählt mir von vielen bisher unerfüllten Wünschen.

Vor ihr auf dem Schreibtisch liegen, säuberlich gestapelt, 50 Bittbriefe gambischer Bürger, die nach Deutschland emigrieren möchten, um dort Arbeit zu finden, sich ein neues und, wie sie hoffen, besseres Leben aufzubauen. Doch die Chance ist gering. Heiratet ein Gambier eine deutsche Frau – auch solche Anträge liegen auf ihrem Tisch – besteht schon eher die Möglichkeit, in die Bundesrepublik einreisen zu können.

Da aus Deutschland in den nächsten Monaten weitere Sport-Entwicklungshilfe, aber auch Medikamente für das Royal-Victoria-Hospital von Banjul eintreffen werden, besprechen wir die Modalitäten der Verteilung. Frau Corr soll entscheiden, wohin die Ware im einzelnen geht. Zu schnell, das weiss ich aus anderen afrikanischen Ländern, verschwindet Entwicklungshilfe in dunklen Kanälen. " In Gambia ist das noch relativ überschaubar!" sagt Frau Corr. Und ich kann mich davon später auch selbst überzeugen.

Auf dem Rückweg stoppen wir noch schnell an der Arbeitsstelle von Fred, dem Gebäude des Nationalen Olympischen Komitees von Gambia, das eher einer Bretterbude gleicht. Omar Sey ist der Präsident, Fred sein Stellvertreter. Die Sekretärin blickt gar nicht erst auf, als wir eintreten. Sie schläft nämlich, den Kopf auf die uralte Schreibmaschine gelegt, die noch aus der britischen Kolonialzeit stammen muss.

Ein ellenlanger Gambier jedoch kommt freudestrahlend auf uns zu, hält mir seine ungewöhnlich grosse Hand entgegen, einer ausgewachsenen Pranke nicht unähnlich. Doch der starke Händedruck und seine freundlichen Augen zeigen, dass er ein netter Kerl ist. Er arbeitet für das NOK als Generalsekretär. Unter seinem Schreibtisch steht eine Aktentasche aus zerschlissenem Leder. Er hat sie von einem Geschäftsmann aus England vor Jahren geschenkt bekommen und hält sie in Ehren.

Omar Sey, der NOK-Präsident und auch FIFA-Schiedsrichter ist, hat mich erwartet. Ein breitschultriger Mann mit wachen, listigen Augen. Er war schon ein paarmal in Deutschland und kennt sie alle, von Willi Daume bis Hartmut Dobrick, der im Haus des Sports in Frankfurt als NOK-Verantwortlicher für Sport-Entwicklungshilfe arbeitet und seit vielen Jahren deutsche Trainer in alle Erdteile schickt.

Mister Sey macht keine grossen Worte. "Unser Land braucht dringend einen Trainer!" sagt er. Ich verspreche, mein Bestes zu geben.

Am Nachmittag sehen wir in Banjul das Lokalderby zwischen "Roots" und "Starlight". Etwa 1 000 Zuschauer markieren gewissermassen die Aussenlinien des Spielfeldes. Tornetze gibt es nicht. Einige Spieler jagen barfuss dem Ball nach, es geht drunter und drüber. Der Schiedsrichter hat spätestens nach einer halben Stunde keinen Überblick mehr und verlässt verzweifelt das Spielfeld. Sein Linienrichter übernimmt die Aufgabe.

Doch die 22 Afrikaner machen das Duell unter sich aus. Mindestens ein Drittel der Spielzeit besteht aus Diskussionen und Auseinandersetzungen auf dem Schotterplatz. Die Torhüter fliegen wie Gummi durch den Torraum. Balltechnisch werden die tollsten Kapriolen fabriziert. Im übrigen gilt die Devise: wo der Ball ist, sind auch wir.

Mir ist klar: viel Arbeit wartet.

Am Abend bin ich Gast der Familie Evans.

Das kleine Haus befindet sich in einer Seitenstrasse. Strassenlaternen gibt es nicht. Nur wenn ich genau hinsehe, kann ich die Umrisse der Nachbarhäuser erkennen. Irgendwelche Gestalten huschen überall entlang. Kinder sind immer noch auf der Strasse, obwohl es auf zehn Uhr zugeht. Aus verschiedenen Häusern tönt Musik, afrikanische Weisen, aber auch Reggae-Musik. Katzen jaulen, Hunde bellen. Es staubt überall. Aber keine Frage: Fred wohnt in einer besseren Gegend.

Das Haus besteht aus vier Zimmern. Frau Evans lässt es sich nicht nehmen, mir alles zu zeigen. Überall hängen Familienfotos. Die alte Wanduhr muss aus England stammen, die Pendel schlagen längst nicht mehr. Nostalgie lässt grüssen.

Aus der Küche kommt Geruch von Knoblauch und starken Gewürzen. Frau Evans hat den Tisch liebevoll gedeckt, mit altem Silberbesteck, das der Schwiegervater, der Herr Polizeidirektor, zur Hochzeit geschenkt hat. Gerade, als Frau Evans die wohlriechenden Speisen in der Pfanne hereinbringt, klopft es heftig an die Tür. Ein Nachbar will gesehen haben, dass sich jemand an Freds Auto mit dem neu eingebauten Radio zu schaffen macht. Sofort springt Fred heraus, ein langes Küchenmesser in der Hand, seine Frau hinterher; man lässt mich allein am Tisch zurück.

Doch die Aufregung ist überflüssig. Entweder hat sich der Nachbar getäuscht, oder der Gauner ist längst davon.

Wir essen in Ruhe, Fred und seine Frau erzählen voller Stolz von ihrer Tochter, die in England Sprachen studiert. Wenn es seinen Vater nicht gäbe, sagt Fred, wäre das alles nicht machbar gewesen. Der wohlhabende Herr bringt monatlich einen Scheck vorbei.

Es wird spät. Ich denke an mein Hotel und die Nacht mit den Kakerlaken, Spinnen und Moskitos. Aber der Mensch gewöhnt sich fast an alles. Diesmal stört mich vieles schon weniger, obwohl Allah mich wieder aus dem Schlaf holt und auch der Ventilator nebenan nach wie vor unverschämt laut ist. Das Moskitonetz, akkurat über das Bettgestell gezogen, bewahrt mich vor weiteren Stichen und Bissen.

Um sieben Uhr kommt ein junges Mädchen unangemeldet in mein Zimmer, schiebt Tisch und Stühle zur Seite und

Lebensfreude trotz Armut: Gambias Jugend.

fegt mit einem Staubwedel das Zimmer durch. Als sie nach ein paar Minuten wieder verschwindet, ist alles in eine Dunstwolke gehüllt. Ich muss die Fenster öffnen.

Um neun Uhr kommt Fred. Ein neuer Tag beginnt.

Wir fahren an der Gambia-Highschool vorbei, passieren eine schmale Brücke, die über einen der unzähligen Seitenarme des Gambia-River führt, sehen Wachtposten. "Senegambische Polizei!" sagt Fred. Es sind immer zwei, die da zusammenstehen, Lastwagen stoppen und Kontrollen durchführen. "Einer ist Senegalese, der andere Gambier!" sagt Fred. Dieses Abkommen haben die beiden Regierungen getroffen, um Spannungen abzubauen. Militär gibt es in Gambia nicht. Lediglich ein Ausbildungslager für die Polizei weit ausserhalb der Stadt.

Rechts liegt das Palm-Grove-Hotel. Es macht einen verwahrlosten Eindruck, wird jetzt aber renoviert. Fred erzählt mir, dass hier Dettmar Cramer wohnte, als er vor vielen Jahren einen Fussball-Lehrgang leitete.

Dettmar Cramer kenne ich seit 25 Jahren. Seine Erfolge in der Bundesliga sind bekannt. Was er aber in Ländern der Dritten Welt erreicht hat, zählt aus meiner Sicht viel mehr als der Gewinn eines Europapokals.

Es gibt kaum ein Land auf dieser Erde, in dem er nicht schon Entwicklungshilfe geleistet hat. Ich kann gut verstehen, dass ein Mann wie er nicht ein ganzes Leben lang aus dem Koffer leben und deshalb wieder sesshaft werden wollte. Für die Länder der Dritten Welt war sein Abschied dennoch ein grosser Verlust.

Dettmar Cramer verdanke ich viele Tips, wenn wieder einmal eine Reise in fremde Länder angesagt war. Seine Erfolge sollen jedoch die der vielen anderen Kollegen, die als Sportentwicklungshelfer tätig sind, nicht abwerten.

Ich denke an meinen Freund Burkhard Pape, der schon in Uganda, Ägypten, Sri Lanka und auf den Philippinen arbeitete, an Burkhard Ziese, Bernd Trautmann und an Rudi Gutendorf, die wohl schillerndste Figur unter den Wandervögeln. Dass der deutsche Fussball in aller Welt einen so guten Ruf hat, ist diesen Männern zu verdanken, die nun schon seit vielen Jahren harte Pionierarbeit leisten.

Fred sieht auf die Uhr, verschärft das Tempo, muss immer wieder Schlaglöchern ausweichen. Wir sehen links und rechts der Strasse die riesige Erdnuss-Fabrik. "Unser Export-mittel Nummer Eins!" sagt Fred. Hier arbeiten allein 5 000 Menschen, von vielen weiteren tausenden im Land einmal abgesehen.

In Bakau beginnt das Ferienparadies Gambias. Ein klei-ner Markt ist zu sehen, alte Villen und die ersten Hotels. Dahinter am Horizont leuchtet ein herrliches Blau. Das Meer. Der Atlantische Ozean!

Fred reisst das Steuer herum, wir biegen in eine Strasse ein, die den Blick freigibt auf ein Erlebnis wie aus Tausend-undeiner Nacht, allerdings im negativen Sinne. Mitten aus dem Armutsviertel, das wir jetzt passieren, ragt ein riesiges Stadion hervor, mit vier Flutlichtmasten wie in einer deut-schen Bundesliga-Arena. Es existiert sogar eine elektroni-sche Anzeigetafel.

Kontraste: Ein modernes Stadion direkt neben Armutsvierteln.

31

Ich reibe mir die Augen. Fred redet wie ein Wasserfall.

"Unsere chinesischen Freunde haben es in dreijähriger Bauzeit errichtet, für 38 Millionen Dollar als Entwicklungshilfe für unser Land!" Fred ist stolz. Die Chinesen sind mit einer kleinen Delegation noch im Lande, um später das Stadion und das Sporthotel in gambische Hände zu geben. Es heisst "Stadion der Unabhängigkeit".

Fred fährt mich mitsamt meinem kaum überschaubaren Gepäck direkt vor die Eingangstür des Sporthotels.

Das Appartment ist sauber, hat alles, was ich brauche: einen kleinen Arbeitsraum mit Schreibtisch und Liege, einen Schlafraum mit Bett und Schrank, eine kleine Anrichte, ein Bad.

Ich fühle mich zerschlagen. Zeitunterschied und Klimawechsel machen sich bemerkbar. In Deutschland war ich mitten im kalten Winter losgeflogen. Hier in Banjul ist Sommer mit bis zu 30 Grad am Tag.

Noch ehe sich Fred verabschiedet, sagt er: "Hinter dem Hotel ist das Trainingscamp. Morgen wird dort das Aufgebot der Nationalmannschaft einziehen!"

Soviel kann ich aus meinem Zimmer erkennen: es ist eine karge Baracke, von einem grossen Affenbrotbaum überschattet. Den Nachmittag und Abend verbringe ich damit, Trainingspläne für die nächsten Monate auszuarbeiten. Um 22 Uhr ist Feierabend. Ich ziehe das Moskitonetz über mein Bett und schlafe wie ein Murmeltier...

Im Camp
der Chinesen

Die Baracke wird auch aus unmittelbarer Nähe keine Spur sympathischer: graues Wellblech, Fenster und Türen wie Mauselöcher. Drinnen lediglich Pritschen ohne jegliche Auflage, ein Ablagefach darüber. Auf dem Boden kriechen sie wieder entlang, die Kakerlaken und Würmer. Die Wände sind karg, von der Decke hängt eine Glühbirne herab, die aber nur schemenhaftes Licht abgibt.

Die Baracke ist in sechs Räume unterteilt, in der jeweils vier bis fünf Spieler Quartier beziehen werden. Mir als Trainer wird der vorderste Raum zugewiesen. Er ist fast noch unansehnlicher als die anderen Räume, allerdings grösser. Vorne stehen ein kleiner Tisch mit einem Stuhl sowie vier Holzbänke. Hier werden wir abends zusammensitzen, uns Videos anschauen. Der Recorder soll in den nächsten Tagen kommen; ein 16-mm-Projektor für einige mitgebrachte Lehrfilme vom DFB steht, eingepackt in eine Apfelsinenkiste, verstaubt in der Ecke.

Die Luft in dem Raum ist stickig. Fred und ich reissen Fenster und Türen auf, lüften die Baracke durch.

Chinesische Arbeiter, die das Sportzentrum errichteten, haben hier ein paar Jahre gelebt. Heute steht nur noch die vordere Baracke, alles andere ist abgerissen.

Vor dem Camp befinden sich ein Brunnen mit frischem Wasser und der grosse Affenbrotbaum. Was mich bedrückt: das Camp ist hermetisch abgeriegelt, von hohen Wänden umgeben, mit Stacheldraht am oberen Ende. Am Eingang steht ein Wachposten, warum, weiss auch Fred nicht. Später erhalte ich auch darauf eine Antwort.

Im Laufe des Vormittags treffen die ersten Spieler ein. Es sind nette Jungs mit freundlichen Gesichtern, im Schnitt um die 20. Die meisten haben nur Tüten oder Plastikbeutel, der eine oder andere kommt sogar mit einer Sporttasche! Mehr als ein Handtuch, ein Stück Seife, Zahnpasta mit Bürste, eine zweite Garnitur Unterwäsche, einen Trainingsanzug, kurze Hose, ein Hemd sowie Socken und Fussballschuhe besitzen sie nicht.

Das Ziel: Qualifikationsspiele um den Afrika-Cup, das Olympische Fussball-Turnier und die Fussball-Weltmeisterschaft.

Ein hochgewachsener, gutaussehender Afrikaner kommt auf mich zu. "Mein Name ist Babucarr Sowe", sagt er, "ich bin der Mannschaftskapitän!" Freundlich erwidere ich seinen Gruss. Seine Hände sind rauh und voller Blasen.

Babucarr ist für die Verladung von Krabben bei Mister Conateh, dem Sponsor des FC Wallidan, zuständig, muss hart arbeiten, oft von sieben Uhr morgens bis in die späte Nacht hinein. Er geniesst bei seinen Spielern Hochachtung, sicher nicht nur, weil er Mannschaftskapitän ist. Er wird in wenigen Tagen 28 Jahre alt, spielt im Mittelfeld und nennt mir beim Fussball-Plausch gleich ein paar internationale Stars wie Maradona, Blochin oder Gullit.

In Gambia gibt es noch kein Fernsehen, nur im benachbarten Senegal. Dafür floriert hier das Videogeschäft. Es sind grösstenteils gebrauchte Geräte aus England mit Fernsehern, die bei uns auf dem Sperrmüll landen würden. Hier aber erfüllen diese alten Kisten noch immer ihren Zweck.

**Wichtige Voraussetzung: der Entwicklungshelfer muss zeigen,
wie es gemacht wird.**

Stundenlang sitzen die Spieler in den nächsten Wochen
und Monaten zusammen, sehen sich immer wieder diesel-
ben Spiele an; Endspiele um die Weltmeisterschaft, Euro-
pacupspiele, Länderspiele, Ligaspiele, auch aus der Bundesliga.

Babucarr Sowe stellt mir im Laufe des Tages seine Spieler vor, nominiert von der Technischen Kommission und den
Trainern des Landes. Babou Saho und Ali Samba, die beiden Torhüter, wirken wie Vater und Sohn. Saho, der Routi-
nier mit den abgewetzten Jeans, unrasiert, sieht aus wie ein
Abenteurer. Aber unter seiner karierten Kappe, wie sie auch
die Hafenarbeiter in Brooklyn tragen, entdecke ich ein sym-
pathisches Gesicht. "Ich spreche ein bisschen Deutsch",
sagt Saho, "ich habe Verwandte in Hannover, die ich vor drei
Jahren sogar besuchen durfte!"

Um alles glaubwürdiger zu machen, sagt er: "Hannover 96!" Noch am selben Tag gibt mir Saho seine Privatanschrift. Ich soll ihm in Deutschland einen Verein besorgen, möglichst in der Bundesliga. Dabei habe ich keine Ahnung, was dieser Bursche überhaupt kann.

Ali Samba zeigt seine strahlend weissen Zähne. Er ist fast zwei Meter gross und zur Zeit die Nummer Eins unter den Torhütern. Wenn der sich richtig lang macht und genügend Sprungvermögen hat, müsste er eigentlich alle Bälle nur so aus den Ecken fischen, denke ich.

Alis Bruder, Saul Samba, ist Stürmer, aber mindestens zwei Köpfe kleiner.

Babou Touray, der Abwehrspieler, kommt wie ein krummbeiniger Cowboy auf mich zu und hat Oberschenkel wie Gerd Müller.

Modou Touray, den sie Saine nennen, erzählt mir gleich, dass er den englischen Fussball liebt und auch so spielt: hart und manchmal unfair. Auch er hat schon rund 20 Länderspiele auf dem Buckel, meistens Begegnungen gegen die Nachbarn an der westafrikanischen Küste.

Da Gambia in vorausgegangenen Jahrzehnten bei den Spielen um den Afrika-Cup, der gleichzeitig die Qualifikation für Weltmeisterschaften und Olympische Spiele bedeutet, nie über eine bescheidene Rolle hinausgekommen ist, sollten diese Einsätze aber nicht überbewertet werden. Oft spielt die Nationalmannschaft nämlich gegen Schiffsbesatzungen von Dampfern und Frachtern, die Banjul regelmässig anlaufen. Das ist dann auch wie ein Länderspiel, weil die

Teams eines Frachters eben als jeweiliges Nationalteam angekündigt werden.

Den Zuschauern ist das völlig egal. Sie kommen zu diesen Spielen in Scharen. Doch weil es sich bei den Gegnern
um Köche, Schiffsingenieure oder auch Passagiere handelt,
kann beste Klasse nicht geboten werden. Nach einer halben Stunde ist meistens die Kondition im Eimer. Das ist dann
für die Afrikaner immer der Augenblick, den oft nicht gerade schlanken Ausländern die Bälle ins Netz zu jagen.

$$\star\star\star\star\star$$

Im Camp sehe ich an diesem Tag zum ersten Mal einen
Mann, den ich vom Namen her bereits kenne: Momodou
Njie, genannt Biri. Während der grossen Zeit von Paul Breit-
ner in Madrid spielte er als Profi für den FC Sevilla unter Ernst
Happel. Keine Frage , dass er der Kopf der gambischen
Mannschaft ist.

Viele neue Gesichter muss ich mir an diesem Tag einprä-
gen.

Am Nachmittag ist erstes Training. Am Ball können meine Jungs eine ganze Menge, sie sind schnell und haben teil-
weise tolle Reflexe. Meine Eindrücke des ersten Spiels in
Banjul verwischen sich etwas. Vielleicht ist doch etwas aus
dieser bunt zusammengewürfelten Truppe zu machen!

Saihou Sarr, der mir als Assistent zur Seite steht, lädt mich
am Abend zu seiner Familie ein. Gemeinsam entwickeln wir
Pläne...

Am nächsten Tag treffen die Trainer der Erstliga-Vereine und die Herren der Technischen Kommission im Camp ein. Wir sitzen vier Stunden im Klubraum des Sporthotels, diskutieren über die kommenden Aufgaben. Nicht alle sprechen bestes Englisch, aber die Verständigung klappt gut. Mit den Trainern werden in den nächsten Monaten Fortbildungslehrgänge nach den Richtlinien der deutschen B-Lizenz des DFB vereinbart.

Entsprechende Urkunden habe ich dabei. Dreimal wöchentlich wollen wir uns hier im Camp treffen, Trainer auch von Mannschaften der Zweiten Liga einladen. Diese Zusammenkünfte werden in der Folgezeit eine gute Einrichtung, denn wir tauschen allerlei Erfahrungen aus. Und da die Mehrzahl der Trainer aktive Fussballspieler waren, können

Der Praxis folgt die Theorie: taktische Schulung im Camp.

sie am Ball noch immer allerhand, sind fit, nicht etwa dick-
bäuchig oder schwerfällig, sondern begierig, neue Lehrme-
thoden aufzunehmen.

Auch Schiedsrichter sollen regelmässig zu Gesprächs-
partnern werden. Vor allem auf diesem Gebiet herrscht in
vielen Teilen Afrikas noch ein extrem hoher Nachholbedarf.
Die Kommissions-Mitglieder geben mir vom ersten Tag an
zu verstehen, dass sie mir alle Unterstützung gewähren wollen, machen Vorschläge, wie wir die Wochen durch Ausflüge oder bunte Abende am Gambia-River auflockern können. Doch schon am ersten Tag lassen sie auch durchblik-
ken, dass sie ein Wort mitreden wollen, wenn es darum geht,
die Nationalmannschaft für die Spiele um den Afrika-Cup
aufzustellen.

Sie tun das nicht aufdringlich, wollen es mehr als Geste
einer Hilfestellung verstanden wissen. Da diese Herren in
höheren Positionen tätig sind – Mister Touray beispielsweise ist der Fussball-Präsident – möchte ich sie nicht vor den
Kopf stossen, will erst einmal die Entwicklung in Ruhe ab-
warten.

Eines aber muss ich auf jeden Fall durchsetzen: meine
Eigenverantwortung, von der Nominierung bis zum Aus-
wechseln. Das hatte mir auch der Präsident des Nationalen
Olympischen Komitees, Omar Sey, zugesagt, als er mir mein
Aufgabengebiet schriftlich fixiert nach Deutschland geschickt hatte. Auf dieses Schreiben muss ich notfalls ener-
gisch verweisen. Omar Sey ist schliesslich ein einflussrei-
cher Mann im Lande, noch dazu verwandt mit dem Staatspräsidenten. Ich ahne nicht, dass gerade dieses Thema
schneller auf mich zukommen wird, als mir lieb ist...

Ein Sonntagsvergnügen

Sonntag in Serekunda. Ich habe die Spieler übers Wochenende nach Hause zu ihren Familien geschickt. Nur einen Steinwurf vom Marktplatz Serekundas entfernt, unter schattigen Mangobäumen, sind athletische Männer damit beschäftigt, ihre Oberkörper mit einer fettigen Paste einzureiben. Immer mehr Menschen kommen und nehmen auf kleinen Hockern oder auch Steinen Platz. Ein kleiner Junge geht mit einer Blechdose durch die Reihen und kassiert Dalasis, die gambische Währung. Touristen mischen sich unter die Zuschauer, sind ebenfalls gespannt auf das, was kommen soll.

Schon vor vielen hundert Jahren kämpften in den Niederungen des Gambia-River die stärksten Männer der Dörfer gegeneinander, um ihrer Sippe Ehre zu machen. Diese Ringkämpfe, bei denen erst dann ein Sieger feststand, wenn der Gegner hochgeschleudert und auf den Rücken geworfen war, ähnelten Volksfesten, an denen alle Bewohner der beteiligten Dörfer Anteil nahmen, begleitet vom Tanz hübscher Mädchen mit farbenprächtigem Kopfschmuck. Kam der jeweilige Sieger aus dem benachbarten Dorf und war unverheiratet, durfte er um die Hand einer schönen Tochter der Gastgeber anhalten. Wer schon verheiratet war, musste sich mit den Hörnern oder Hufen eines für dieses Zeremoniell geschlachteten Rindes zufriedengeben. Nach einem gemeinsamen Essen zogen die Kämpfer mit ihren Angehörigen trommelschlagend wieder in ihre Dörfer zurück, nicht ohne das Versprechen abgegeben zu haben, vor dem nächsten Regen – gemeint ist damit der Zeitraum eines Jahres – sich einem erneuten Duell zu stellen.

Auf dem staubigen Sandplatz von Serekunda läuft alles wie früher ab. Die Ringer, durchtrainiert und ohne ein über-

Musikalische Einstimmung vor den traditionellen Ringkämpfen.

flüssiges Gramm Fett am Körper, legen ihre Dalas, das sind die um die Lenden gewickelten kurzen Röcke, an, recken und strecken sich, um die Muskeln auf den Kampf vorzubereiten. Den einstimmenden Rhythmen von Musikgruppen folgt der Pfiff des Schiedsrichters. Noch einmal tänzeln die Gegner in alle Himmelsrichtungen, dann beginnt der Kampf.

Die Ringer lassen sich keinen Augenblick aus den Augen, beobachten jede Körperbewegung ihres Gegenüber, täuschen mal nach links, mal nach rechts, einen Angriff vor. Es vergeht fast eine Minute, ehe Duda, so rufen ihn die Einheimischen, seinen Gegner in den Griff bekommt und zu Boden wirft, ohne ihn aber in die Rückenlage zwingen zu können. Beifall brandet auf, unterstützt von den Trommlern im Hintergrund. Dann ertönt wieder ein Pfiff des Schiedsrichters, der mit wachen Augen alles verfolgt.

Duda wird aktiver. Doch immer wieder entzieht sich der Gegner durch geschickte Körperbewegungen seinen Angriffen. Die Zuschauer werden langsam unruhig. Ihr Favorit Duda scheint nicht in bester Form zu sein. Später erzählt mir Saho Camara, ein Volksschullehrer aus Banjul, dass Dudas Vater vor 20 Jahren als bester Ringkämpfer an der westafrikanischen Küste galt und 500 Kämpfe ohne Niederlage überstanden haben soll. Er war in Gambia ein Volksheld, verehrt und gefeiert. Mit 47 Jahren fand man ihn tot im Gambia-River, die genaue Todesursache ist nie bekanntgeworden.

Dudas Sippe kommt aus der Nähe von Georgetown, wo sich der Gambia-River zum wiederholten Mal vor seiner Einmündung in den Atlantischen Ozean teilt. Duda gelingt es an diesem Tag nicht, seinen um einige Jahre jüngeren Gegner, den seine Fans Pa Ton nennen, zu bezwingen. Enttäuscht verlässt er die Arena, andere Kämpfer bereiten sich vor. Trommelwirbel, wieder ein Pfiff, das Schauspiel beginnt von vorne.

Von hinten legt sich plötzlich eine schwere Hand auf meine Schulter. Ich drehe mich um und sehe in das grinsende

Kampf Mann gegen Mann: es geht um die Ehre der Sippe.

Gesicht von Biri. Er ist in ein bis an die Füsse reichendes weisses Gewand gehüllt, kommt gerade aus der Moschee. "Ich habe gehört, dass Sie hier sind, Coach", sagt er, "und da wollte ich einfach mal vorbeikommen!" Biri holt sich von irgendwoher einen Holzklotz und erzählt, dass auch sein Vater Ringer war, später Fussballspieler, der in den 50er Jahren für die Nationalmannschaft gespielt hat.

Biris Elternhaus steht am Hafen von Banjul, die ein- und ausfahrenden Schiffe hat er schon als kleines Kind bewundert. Und kamen besonders grosse Dampfer oder sogar Passagierschiffe in den Hafen von Banjul, das in der englischen Kolonialzeit Bathurst hiess, war Biri nicht mehr zu halten. Sofort lief er die wenigen 100 Meter zur Anlegestelle, um alles mitzubekommen.

Nicht selten verdiente sich Biri ein Taschengeld damit, dass er den Passagieren beim Koffertragen half. Doch sein Vater, im Hafen als Zollbeamter tätig, durfte davon nichts erfahren.

Biri lebt heute in einer kleinen Wohnung mitten im Stadtzentrum von Banjul. Von seinen Peseten, die er als Profi beim FC Sevilla verdiente, ist nicht viel übrig geblieben.

Warum, weiss er selbst nicht. Oder er will nicht darüber reden. Freunde sagen, dass Biri nach seiner Rückkehr aus Spanien in Gambia von vielen Landsleuten zunächst eher angefeindet als gefeiert wurde. Denn alle wollten von seinem als Berufsspieler verdienten Geld etwas abhaben.

Die Unterstützung seiner 30köpfigen Verwandtschaft, mit Brüdern und Schwestern, Neffen und Cousinen, war für Biri

Gambias Nationalmannschaft mit dem Spanien-Profi Biri im Trainingslager.

selbstverständlich. Doch viele sogenannte Freunde und Nachbarn missgönnten ihm sein kleines Vermögen.

Obwohl er bei seiner Rückkehr schon über 30 war, wollte er für sein Land wieder spielen. Auf dem Schulhof der Muslim-Highschool, ganz in der Nähe seiner Wohnung, trainierte Biri täglich vier bis fünf Stunden, strapazierte seinen aus Spanien mitgebrachten Fussball derart, dass dieser sich bald in seine Bestandteile aufgelöst hatte. Seine Frau nähte das Leder wieder zusammen, sodass Biri weiter dribbeln und schiessen konnte.

In seinem Pass steht Momodou Njie. Biri ist sein Künstlername, heisst "schnell, schnell". Seit seiner Jugend wurde er so genannt. Biri schaffte die Rückkehr in die Nationalmannschaft, spielt wieder für sein Land.

47

"Dieser Afrikaner war ein Besessener des Fussballs, einer, der nie aufgab, ein vorbildlicher Profi, wie ich kaum wieder einen erlebt habe!" erinnert sich sein damaliger Trainer beim FC Sevilla, Ernst Happel.

Biri wiederum lacht, als er den Namen Happel hört. "Au wei, das war ein ganz harter Hund, vor dem wir alle Angst hatten; aber ich habe viel von ihm gelernt, das muss ich sagen!"

Wir sehen uns weitere Ringkämpfe an. Biri kennt hier jeden. Auch steht er überall im Mittelpunkt, schwatzt und lacht, versucht, das Leben von der heiteren Seite zu nehmen. Wir bleiben noch lange unter den schattigen Bäumen sitzen, erzählen, trinken Cola. Der Fussball soll uns heute weniger interessieren. Es ist schliesslich Sonntag. Biri wird seine Familie besuchen und ich werde Post erledigen. Morgen früh beginnt im Camp wieder der Alltag.

Der Star
darf nicht spielen

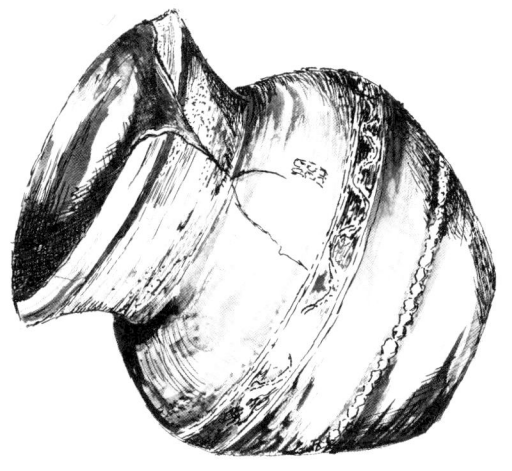

Eigentlich läuft alles sehr gut. Ich muss mir immer wieder etwas einfallen lassen, um den Afrikanern bildhaft klarzumachen, wo unsere Schwachpunkte liegen. Da ist beispielsweise das ungenügende Spiel über die Flügel.

Eines Abends sage ich im Gemeinschaftsraum der Baracke: "Ihr kennt sicher alle eine Schere?" Kopfnicken. Ich gehe einen Schritt weiter. "Was muss mit einer Schere geschehen, damit sie schneiden kann?" Die Spieler überlegen. Einer meldet sich. "Man muss sie erst öffnen, um schneiden zu können!" Ich bin am Ziel. "Genauso müsst Ihr Fussball spielen", sage ich, "wenn nichts über die Flügel kommt, die Schere sich also nicht öffnet, kann auch nicht geschnitten werden, im Fussball heisst das, es können keine Tore erzielt werden!" Die Spieler verstehen.

"Wer ist schneller als der schnellste Spieler?" frage ich. Ruhe. Anhaltendes Schweigen. So muss ich die Antwort selbst geben. "Der Ball natürlich!" Die Konsequenz: "Lasst den Ball die Arbeit tun, lasst ihn für euch laufen!" Wieder nicken die Spieler.

In den nächsten Wochen rücken wir näher zusammen, das Vertrauen untereinander wächst.

In das Trainigsprogramm baue ich immer wieder taktische Erschwernisse ein, stelle kleine Tore in der Verlängerung der gegnerischen 16-Meter-Linie auf, um den Spielern Anreize zu geben, mehr über die Flügel zu spielen und auch das kleine Tor anzupeilen.

Ich schirme, um das Schiessen aus der zweiten Reihe zu schulen, mit kleinen Plastikhütchen die Zone vor dem Straf-

raum völlig ab. Wer mit dem Ball hineinläuft, wird zurück-
gepfiffen.

Oder ich lasse, um das schnelle Abspiel zu verbessern,
nur mit zwei Ballkontakten spielen. Wer den Ball dreimal be-
rührt, muß ihn an den Gegner abgeben. Zwischen den beiden Traningseinheiten beschäftige ich Abwehr-, Mittelfeld-
und Angriffspieler mit Sonderaufgaben. Viel Zeit widme ich
den drei Torhütern, von denen Ali Samba, der 20jährige Hüne, von Tag zu Tag Fortschritte macht. Saho wird es schwer
haben, ihn zu verdrängen.

Auch die morgendlichen Konditionsläufe durch den
Busch nach Serekunda oder am Strand entlang tragen dazu
bei, dass in Freundschaftsspielen gegen Mannschaften der
Ersten und Zweiten Liga klare Siege zu verzeichnen sind.

So blicken wir alle relativ optimistisch dem Länderspiel
gegen Kap Verde entgegen, das gewissermassen die Generalprobe für den Neuaufbau der Nationalmannschaft sein
soll.

Kap Verde ist eine dem afrikanischen Kontinent vorgela-
gerte Inselgruppe portugiesischer Prägung. Viele Spieler
verdienen ihr Geld in der Ersten Liga von Portugal oder auch
in Frankreich. Sie werden im Sporthotel einquartiert und treffen sich mit der gambischen Nationalmannschaft einen Tag
vor dem Länderspiel zu einem gemeinsamen Abendessen.
Danach gehen die Spieler früh schlafen.

Die Begegnung wird zu einer Blamage. Gambia verliert
1:2, kann nur in der zweiten Halbzeit überzeugen. Im Angriff
sind fast alle Wünsche offengeblieben. Ich habe eine unru-

hige Nacht. Saul Njie, der Sportreporter von Radio Gambia, berichtet von einem Reinfall. Kritik am deutschen Trainer wird laut. Ich zerbreche mir den Kopf, wer die Tore schiessen soll. Aziz Corr, der in Dänemark spielt und auf Kosten der Regierung extra zurückbeordert worden war, tritt kaum in Erscheinung. James Freeman ist zu zaghaft, um aus bedrängter Situation heraus couragiert aufs Tor zu schiessen.

Gut, dass Biri im Abwehrzentrum Schlimmeres verhüten kann. Im Spiel gegen Kap Verde wird mir klar: es gibt keinen Torjäger, der die herausgearbeiteten Chancen zu Toren nutzen kann.

Mir fällt Essa Fey ein, der Mittelstürmer von Ports Authority. Weil er bei einem Länderspiel in Togo vor Monaten die Rote Karte bekommen und sich später mit gambischen Funktionären angelegt hatte, wurde er vom Fussballverband seines Landes aus der Nationalmannschaft ausgeschlossen. Doch in der Ersten Liga darf Essa Fey spielen. Für den Landesmeister Ports Authority schiesst er die Mehrzahl der Tore, ist ungemein reaktionsschnell und torgefährlich und wird von den Abwehrspielern gefürchtet.

Dieser Essa Fey wäre genau der richtige Mann, um meinen zu braven Spielern Auftrieb zu geben, vor allem: Tore zu schiessen. Ich werde den Verband bitten, die Sperre aufzuheben.

Die Herren der Technischen Kommission kommen höchstpersönlich zu uns ins Camp. Weil wir keinen Raum für eine Aussprache finden, setzen wir uns mitten auf den Trainingsplatz.

Ich schildere mein Anliegen, mache mich stark für Essa Fey. Mister Touray sagt: "Geben Sie uns ein paar Minuten Zeit, wir werden über Ihren Vorschlag diskutieren!"

Ich spaziere auf und ab, sehe, dass die Mitglieder der Kommission sich temperamentvoll auseinandersetzen. Es muss Gegner, aber auch Fürsprecher geben, das schliesse ich aus der Länge der Diskussion.

Nach einer halben Stunde winkt mich Mister Touray herüber. "Sorry, Coach", sagt er, "wir haben diskutiert und abgestimmt. Sie müssen ohne Essa Fey auskommen. Es wird Ihnen sicher nicht schwerfallen, einen anderen geeigneten Mittelstürmer zu finden!"

Warten auf die Generalprobe: Erholung am Strand nach hartem Training.

Zugegeben: Essa Fey ist ein Hitzkopf, leicht aufbrausend. Einer, der sofort sagt, was er denkt. Doch das kann kein hinreichender Grund sein, ihn auszuschliessen. Essa empfindet die Entscheidung als schreiende Ungerechtigkeit, kündigt an, dass er eines Tages auspacken und sich rächen werde. Ich weiss noch nicht, was alles dahinter steckt...

*****

Wochen später. Gambia trifft im "Stadion der Unabhängigkeit" auf Guinea Bissau. Zu diesem Qualifikationsspiel um den Afrika-Cup kommen nur 15 000 Besucher. Die Fans haben die Blamage gegen Kap Verde offenbar nicht vergessen. Doch ich weiss, dass meine Mannschaft ihren Ausrutscher weggesteckt hat.

Wir spielen aus einer verstärkten Deckung heraus, wollen dem Gegner nicht wieder die Gelegenheit geben, mit seinem Konterspiel erfolgreich zu sein. Die Mannschaft ist auf einigen Positionen verändert worden, vor allem die Abwehr macht einen stabilen Eindruck. Der Gegner hat kaum Chancen. Auch im Mittelfeld ist das Verständnis untereinander schon viel besser.

Wir gewinnen 1:0, doch im Angriff klappt nicht viel. Die Fans sind unzufrieden, ballen ihre Fäuste in Richtung Ehrentribüne und rufen lautstark: "Essa Fey, Essa Fey!"

Einige Funktionäre werden beim Verlassen des Stadions übel beschimpft. Obwohl in Gambia Trockenheit herrscht, merke ich: in Sachen Essa Fey braut sich ein Gewitter zusammen ...

Ein Reporterkollege

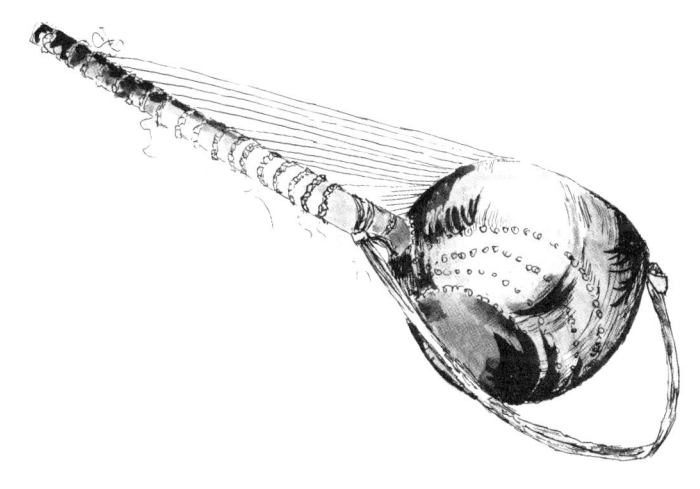

Saul Njie von Radio Gambia, ein exzellenter Kenner des Fussballs, hat mich wieder einmal in sein Studio eingeladen. Saul, der auf Einladung der Bundesregierung bereits ein Stipendium bei der Deutschen Welle in Köln absolviert hat und in dieser dreimonatigen Zeit zum Fan des 1. FC Köln wurde, war jahrelang Regierungssprecher des Landes, später auf vielen Reisen Begleiter des Staatspräsidenten Sir Jawara.

Einmal, auf dem Flug von Abidjan an der Elfenbeinküste zurück nach Banjul, stürzte er mit einer zweimotorigen Maschine in den Bergen von Guinea Conakry ab. Wie durch ein Wunder überlebte er als Einziger von 20 Passagieren.

Saul Njie, der Chefreporter des gambischen Staatssenders, hat Privilegien, über die bei Radio Gambia kein anderer verfügt. In unserem Interview spricht er das Thema Essa Fey an, will von mir wissen, wer das Sagen hat, ich oder die Funktionäre.

Die Brisanz des Themas ist mir vertraut. Ich plädiere für Essas Nominierung, appelliere noch einmal an den Verband, seinen Ausschluss aus der Nationalmannschaft rückgängig zu machen, erkläre, dass die Spieler nichts dagegen einzuwenden hätten, wenn Essa Fey in den Kader zurückkehren würde. Mit Babacour Sowe hatte ich darüber gesprochen. Und was er sagt, ist stets so etwas wie die Stimme der Mannschaft.

Wir diskutieren im Studio eine gute Stunde. Welche Resonanz unser Gespräch auslöst, erfahre ich am nächsten Morgen.

Fred kommt aufgeregt ins Camp, um mir mitzuteilen, dass der Sportminister mich sprechen möchte. Ich hole nach langer Zeit wieder einmal meinen Anzug aus dem Schrank, krame meine einzige Krawatte heraus, sage Assistent Saihou Sarr, wie er das Morgentraining gestalten soll.

Fred bringt mich zum Regierungsgebäude mitten in der Stadt. Wir passieren an die zehn Wächter mit seitlich angelegten Gewehren, warten im Vorzimmer des Sportministers ein paar Minuten. Dann geht die Tür auf und der schlanke, gut aussehende Herr Minister reicht uns die Hand.

Das Gespräch ist fair, die Haltung des Ministers aber eindeutig. "Wir haben Gründe, dass wir bei unserer Entscheidung bleiben müssen, Essa Fey nicht freizugeben. Dieser junge Mann gefährdet mit seinem Benehmen den guten Ruf des ganzen Landes. Es tut uns leid!" Diese Worte kommen mir bekannt vor. Mister Touray hatte sie damals auf dem Rasen auch ausgesprochen. Ich merke, dass dieses Thema zum Tabu erklärt worden ist.

Wir diskutieren noch über einige weitere Themen. Der Minister beschränkt sich jedoch auf nette Worte, betont, wie dankbar das ganze Land sei, einen Trainer mit so viel Engagement gefunden zu haben. Er wünsche mir weiter viel Glück, und wenn es Probleme geben sollte, sei er stets für mich da.

Fred bringt mich zurück. Wir sprechen nicht viel. Fred hat eine enge Beziehung zur Regierung, aufgrund seiner Position, aber wohl auch, weil sein Vater einmal die hohe Stellung eines Polizeidirektors innehatte.

Erst später sollte ich den wahren Hintergrund für die Widerstände und den entfachten Wirbel um Essa Fey erfahren.

Essa Fey hat nämlich, so wurde mir berichtet, eine geistig gestörte Mutter, die in regelmässigen Abständen durch Banjul läuft und die Regierung lauthals beschimpft. Als er später einmal in Frankfurt war, merkte ich sofort, dass er nicht über die Vorfälle im eigenen Land sprechen wollte.

Essa Fey hatte Freunde im Frankfurter Raum besucht und wäre gern geblieben, wenn er eine Aufenthaltsgenehmigung bekommen hätte. Beim Oberligisten Rot-Weiss Frankfurt machte er damals ein Probetraining. Mein Trainerkollege Wolfgang Solz, den sie in seiner Zeit bei Eintracht Frankfurt den "Brasilianer" nannten, hätte ihn sofort genommen. Essas aggressives Spiel war kaum zu bändigen, und kopfballstärker als deutsche Abwehrspieler war er auch.

Wie auch immer: Essay Fey stand für die Nationalmannschaft endgültig nicht mehr zur Debatte. Ich musste also weiter auf die Suche nach einem Stürmer wie Essa Fey gehen. Dass mir dann durch Zufall ein kleiner Pele über den Weg lief, war so gesehen ausgleichende Gerechtigkeit.

Besuch
bei Schwester Gerdi

Die Wochen fliegen dahin. Eines Morgens reisst mich ein hartnäckiges Klopfen aus dem Schlaf. "One moment, please!" rufe ich, streife schnell den Trainingsanzug über und eile zur Tür. Saihou Sarr, mein Assistent, steckt seinen Kopf neugierig in den Raum, wedelt mit einem Brief. "Für Sie, Coach, soeben gekommen!" sagt er und ist schon wieder in Richtung Stadion verschwunden.

Ich lese Erstaunliches. Eine evangelische Ordensschwester, Gerdi Sirtl, hat einen netten Brief an mich geschrieben. Aus der Nähe von Bayreuth stamme sie, heisst es in dem Brief. Seit einigen Jahren leite sie, zwei Autostunden von Banjul entfernt, mitten im Busch eine Sozialstation. Und bei den von ihr betreuten afrikanischen Kindern gäbe es keinen sehnlicheren Wunsch, als mit einem richtigen Fussball zu spielen. Ob ich helfen könne? Der Brief bewegt mich tief. Eine deutsche Ordensschwester im gambischen Busch bittet um einen Fussball "Made in Germany"!

Ich ziehe das Moskitonetz zurück und setze mich auf mein Bett. Der Terminkalender für die nächsten Tage ist zwar ausgebucht wie immer, aber es muss einen Weg geben, Schwester Gerdi zu besuchen.

Noch vor dem Morgentraining rufe ich Fred Evans in seinem Büro an, schildere kurz mein Anliegen und bitte ihn, einen Wagen für einen halben Tag bereitzustellen. Eines ist sicher: Schwester Gerdi benötigt für ihre Kinder mehr als nur einen Fussball. Ich gehe in den Nebenraum, überschlage meine Vorräte und packe alles in einen leeren Pappkarton.

Zwei Tage später sind wir bereits unterwegs.

Fred hat sich spontan angeboten, mitzufahren. Und als Gambias Informationsminister Dr. Lamin Saho von dem Unternehmen erfährt, will er auch dabei sein.

Da er in Bochum studiert hat und fliessend Deutsch spricht, lässt er sich die Gelegenheit nicht entgehen, auf der zweistündigen Autofahrt viel Wissenswertes über Land und Leute zu erzählen.

Seit einem halben Jahrtausend sei Gambia, so Lamin Saho, Anziehungspunkt für Pioniere und Abenteurer, Eroberer, Händler und Sklavenjäger gewesen, war und ist der Gambia-River Lebensader und Streitobjekt. Der Minister be-

Unterwegs zu immer neuen Aufgaben.

richtet über die Bemühungen der Regierung, die reichhaltige Flora und Fauna mit Hilfe sehr aktiver Naturschutzarbeit zu erhalten. Doch Tiere, um die Jahrhundertwende in Gambia noch reichlich anzutreffen, sind rar geworden. Wir sehen keine Antilopen oder Gazellen, auf die früher Jagd gemacht wurde, keine Affen oder Wildschweine, die es nur noch vereinzelt geben soll. Die Vogelwelt erholt sich dagegen zusehens. Pelikane, Kraniche, Silberreiher, Störche oder Ringeltauben sind zurückgekehrt, vor allem in die Naturschutzgebiete.

Wir passieren kleinere Ortschaften, die den Eindruck vermitteln, das moderne Zeitalter um mindestens ein Jahrhundert verpasst zu haben. Hier und da sehen wir Dorfbrunnen, die deutsche Entwicklungshelfer in den vergangenen Jahren gebaut haben.

Fussbälle
für eine deutsche Sozialstation: Hilfe zur Selbsthilfe.

In der Regenzeit während der Sommermonate wechselt Gambia seine Farben vom sanften Rot zum üppigen Grün, was als Geschenk Allahs empfunden wird. Früchte reifen, Blumen blühen. Die Wüste lebt. In dieser Zeit allerdings leiden die Bewohner des Fluss- und Savannenlandes oft unter hohem Fieber, Geschwüren und anderen Infektionskrankheiten.

Die Ärzte der wenigen Kliniken und Krankenhäuser sind zu weit entfernt, um schnelle Hilfe leisten zu können. Die durchschnittliche Lebenserwartung der gambischen Bevölkerung liegt unter 40 Jahren, besonders hoch ist die Sterblichkeitsrate der Kinder.

Und da in diesem Land, das etwa halb so gross ist wie Hessen und inzwischen 800 000 Einwohner aufweist, nur rund zehn Prozent in der Hauptstadt Banjul leben, ist schnelle Hilfe nicht gewährleistet.

Über all das muss ich nachdenken, während wir auf der relativ guten Autostrasse in das Landesinnere vordringen. Als wir Sibanor erreichen, entdecken wir gleich ein Schild mit dem Hinweis auf unser Ziel.

Schwester Gerdi hat auf uns gewartet. Freudig kommt sie aus dem Haus, reicht uns die Hand. "Willkommen in Sibanor! Wie wär's erst einmal mit einem guten Kaffee?" fragt sie. Zwei Stunden sitzen wir zusammen, erfahren Näheres über die Arbeit einer deutschen Ordensschwester, sehen elternlose, kranke und behinderte Kinder, die längst wissen: der deutsche Gast hat mitgebracht, was sie sich schon so lange gewünscht haben.

Ein Königreich für einen Fussball: Entwicklungshilfe für die Jugend am Gambia-River.

Mit den Fussbällen weiss die Schwester zunächst nichts anzufangen. Sie sind aus Platzgründen nicht aufgepumpt. Doch das wird nachgeholt.

Die Nachricht, dass richtige Fussbälle eingetroffen sind, hat sich schnell herumgesprochen. Und ehe wir hinsehen können, haben sich an die 100 Dorfbewohner eingefunden. Schwester Gerdi ist ganz aufgeregt. "Das ist einer meiner schönsten Tage hier in Gambia!" sagt sie und nimmt voller Dankbarkeit auch andere Hilfsgüter, zum Beispiel lebensnotwendige Medikamente, entgegen.

65

Die deutsche Ordensschwester hatte sich in früheren Jahren nie für Fussball interessiert. Erst in Afrika wurde ihr klar, welche Anziehungskraft dieser Sport auf Menschen ausüben kann. Denn Fussball spielen alle gern, auch die behinderten Kinder in ihrer Sozialstation. Der hüpfende Ball, von kleinen Kinderfüssen getreten, lässt sie alle zu einer echten Gemeinschaft werden.

Unter der Anleitung von Schwester Gerdi bauen die Kinder auf einer kleinen Spielfläche hinter den Häusern Tore und markieren die Abgrenzungen, obwohl sie von einer Strafraummarkierung oder einem Elfmeterpunkt früher nie etwas gehört haben.

Ganz ähnlich improvisieren sie eine Tischtennisplatte, die aus zwei alten Türen zusammengebastelt wird. "Spielende Kinder sind fröhliche Kinder!" sagt Schwester Gerdi.

Seit fünf Jahren lebt sie jetzt in Gambia. Fernab von der Hauptstadt Banjul hat sie hier ein Lebenswerk begonnen: Hilfe für notleidende Menschen der Dritten Welt. Leider reicht unsere Zeit nicht aus, um noch mehr über ihre Arbeit zu erfahren.

Eine Erkenntnis jedoch nehme ich mit: Menschen wie diese deutsche Ordensschwester sind mit Geld nicht zu bezahlen. Sie tun ihre Arbeit selbstlos, obwohl sie voller Risiken steckt. Vor der Abreise singen uns ihre afrikanischen Kinder deutsche Lieder. Auf dem Heimweg nach Banjul denke ich nur an Schwester Gerdi und ihre aufopferungsvolle Arbeit im Busch.

Arbeit im Busch

Mit einem Jeep sind wir in aller Herrgottsfrühe aufgebrochen. Fred Evans ist dabei, ein Sportlehrer der Gambia-Highschool und Bla Taal, der Bauingenieur, ein Mann von kräftiger Statur, mit geschickten Händen, denen man ansieht, dass sie es gewöhnt sind, kräftig anzupacken.

Im Auftrag des Sportministeriums wollen wir ausserhalb Banjuls ein Schulfussball-Projekt ins Leben rufen, das später im Landesinneren seine Fortsetzung finden soll.

Auf der Fahrt von Banjul nach Sukuta, unserer ersten Station, gehe ich die Projekte noch einmal durch. An die zehn Schulen werden wir in den nächsten Wochen besuchen, um herauszufinden, wie der Fussball auf dem Lande besser organisiert werden kann. Talente, sagt Fred, gebe es genug, doch nur wenige Plätze, keine Tore, keine Abgrenzungen, erst recht keine Bälle oder Schuhe. Der Boden bestehe aus rotem Sand, Rasen sei nicht vorhanden.

Fussball aus deutschen Landen: ein ganzes Dorf ist auf den Beinen.

Um in den uns zur Verfügung stehenden Wochen möglichst voranzukommen, wird ein Programm entworfen, das sich ständig wiederholen soll. Morgens ein Treffen mit den verantwortlichen Lehrern. Anschliessend wird der Unterricht in der jeweiligen Schule unterbrochen. Alle Schülerinnen und Schüler müssen sich in Reih und Glied aufstellen. Mir gefällt dieses Strammstehen nicht, doch verhindern kann ich es nicht.

Mit den besten Spielern mache ich dann ein einstündiges Trainingsprogramm, das die Grundelemente des Fussballs umfasst wie Dribbeln, Passen, Stoppen, Annehmen und Abspielen des Balles, Köpfen und nicht zuletzt das Schiessen. Auch die Torhüter werden einbezogen. Es sind gelehrige Schüler, ihr Alter zwischen 12 und 18 Jahren.

Bei dem einen oder anderen werde ich an den berühmten Pele erinnert. Nur beim Torschuss hapert es schrecklich.

So wirds gemacht: Arbeit des Entwicklungshelfers in den Niederungen des Gambia-River.

Die Begeisterung der Afrikaner erleichtert die Arbeit mit dem Ball.

Da wird auf alles gezielt, was sich rund um den Sandplatz in zuschauender Position aufgebaut hat, nur nicht auf das Tor. Die Mädchen kichern, die Jungen halten sich die Hände vors Gesicht, wenn wieder einmal nicht getroffen wird.

Anschliessend, beim Spiel 11 gegen 11, sieht alles schon besser aus. In regelmässigen Abständen hole ich die ehrgeizigen Schüler zusammen, erkläre ihnen, was sie falsch, aber auch gut gemacht haben, und schon geht es weiter, mit hohem Tempo. Die Sonne ist gnadenlos heiss. Ich hole mir ein frisches Trainingshemd nach dem anderen aus der Sporttasche.

Der dritte Teil des Programms besteht aus der Vorführung eines aus Deutschland mitgebrachten Lehrfilms über den Jugendfussball mit Ausschnitten aus einem Länderspiel der U 16 zwischen Deutschland und England. "Ihr sollt wissen, dass dieses ein hoher Standard ist, den ihr nicht zum Mass-

70

Gambische Jugend wartet auf den weissen Mann, den der Dorfälteste angekündigt hat.

stab machen sollt", erkläre ich. "Aber auf der anderen Seite sehe ich keinen Grund, warum der Fussball in Afrika, wenn er weitere Fortschritte macht, nicht eines Tages auch dieses Niveau haben kann!" Ich erinnere meine Zuhörer an die doch erstaunlichen Erfolge afrikanischer Nationalmannschaften bei internationalen Wettbewerben. Alle hören aufmerksam zu.

Beim Abschied – die nächste Schule wartet bereits – wird immer der gleiche Wunsch geäussert: "Schicken Sie uns Bälle, damit wir unsere Möglichkeiten auch nutzen können!" Ich notiere die Wünsche. In der Heimat gibt es gute Freunde.

Bla Taal wird am Nachmittag aktiv. Dann werden unter seiner Anleitung und nach den von mir entwickelten Plänen Sportplätze angelegt, mit Hacken und Schaufeln Flächen geschaffen, wobei es keinen stört, wenn inmitten der Spielfelder Distelbüsche oder einzelne Palmen stehen. Am schwierigsten gestaltet sich der Bau der Tore. Denn der Boden ist hart und manchmal von dicken Steinbrocken übersät. Es dauert oft Stunden, bis Bla Taal und ich mit Helfern der Schule die Löcher zur Befestigung der Torstangen gegraben haben. Am späten Nachmittag wird in der Regel der Platz eingeweiht, unter grosser Anteilnahme der Bevölkerung.

Am nächsten Tag wieder das gleiche Spiel. Aber es macht, weil wir die Begeisterung und Freude der Afrikaner sehen, einen Riesenspass. Abends geht es immer wieder nach Banjul zurück; wir liegen dann todmüde im Bett. Am nächsten Morgen gegen sieben Uhr setzen wir unser Programm bereits wieder fort.

Mister Chang, der chinesische Manager der Sportanlage, macht bereits um fünf Uhr seinen ersten Spaziergang und praktiziert dann mit seinen Landsleuten fast eine Stunde lang Tai Chi als aktive Meditation. Zur Weckzeit bringt er mir chinesischen Tee. Das ist nett und erinnert mich an meine Trainertätigkeit in Taiwan.

Wir sprechen oft über China, wobei ich ihm gleich sage, daß ich auf Taiwan tätig war. Er aber kommt vom Festland. Die jahrelangen politischen Spannungen zwischen China und der von Nationalchinesen bewohnten Insel Taiwan lassen wir auf sich beruhen. Was aber mehr an Mister Chang liegt. Ich würde mich gerne mit ihm darüber unterhalten. Doch so bleibt es beim Austausch von Freundlichkeiten und der Absprache der Termine, wann wo trainiert werden kann. Und dem morgentlichen Tee.

Pele
dribbelt sich durch

Am letzten Tag meiner Mission, den Schulfussball in Gambia zu organisieren, sehe ich einen Spieler, der sofort mein Interesse auf sich zieht. Er ist gerade 17 Jahre alt, wirkt ungemein geschmeidig, behandelt den Ball wie ein rohes Ei. Und er erzielt in einem Spiel vier Treffer. Einer schöner als der andere!

"Wer ist dieser Bursche?" frage ich einen Verantwortlichen der St. Augustin-Highschool. "Wir nennen ihn Pele. Aber in Wirklichkeit heisst er Paul Gomez, stammt aus der Nähe von Serekunda und ist wohl der beste Nachwuchsspieler, den wir im Schulfussball zur Zeit haben!" sagt er.

Pele? Der Name soll mich in nächster Zeit verfolgen...

Erinnerungen werden wach an den wohl besten Fussball-Spieler aller Zeiten. Als die "Schwarze Perle" aus Brasilien bei der Weltmeisterschaft 1958 in Schweden zum ersten Mal ins Rampenlicht der internationalen Fussball-Szene trat, war auch er gerade 17 Jahre alt. Ich kenne Pele aus Brasilien seit dieser Zeit und habe seitdem seinen Weg verfolgt.

1977 war ich Trainer in seinem Fussball-Camp, das er im Auftrag von Cosmos New York leitete und in dem er junge Amerikaner für den Fussball-Sport, dort Soccer genannt, gewinnen wollte. Die Jungen hingen wie gebannt an seinen Lippen, verfolgten seine Tricks mit grösster Aufmerksamkeit. Für sie war er ein ebenso populärer Mann wie die Football- oder Baseballstars. In den USA beendete er schliesslich seine einmalige aktive Laufbahn als Spieler von Cosmos New York.

Freundschaft mit dem grossen Pele.

Pele war nur auf dem Spielfeld ein Star. Privat, als Mensch, ist er ungemein charmant, nett, zugänglich. Pele hat nie vergessen, dass er aus ärmlichen Verhältnissen stammt, aus Bauru im Innern Brasiliens.

Er wurde zu einem Begriff des Weltfussballs, zur Verkörperung einer ganzen Sportart. Dass noch immer, Jahrzehnte nach seinem kometenhaften Aufstieg, Videos oder Filme von seinen grössten Spielen Bewunderung auslösen, unterstreicht nur das Phänomen Pele. In Afrika hat er, wen wundert es, besonders viele Verehrer, dokumentiert seine Karriere doch in eindrucksvoller Weise, dass die grossen Stars unseres Zeitalters nicht unbedingt aus den hochindustriealisierten Ländern stammen müssen. Überall auf der Welt, so auch in den Städten und Dörfern entlang des Gambia-River, ist Pele für Menschen schwarzer Hautfarbe ein Symbol, noch immer das ganz grosse Vorbild.

Und wie steht es mit Paul Gomez, dem Pele von Gambia? Dieser gerade 17jährige Junge beschäftigt mich pausenlos in meinen Gedanken. Dann treffe ich eine Entscheidung, die viel verändern wird: ich lade Pele zum Training der Nationalmannschaft ein. Er kommt mit einem kleinen Seesack ins Camp. Vor lauter Respekt den Nationalspielern gegenüber verzieht er sich gleich in den hintersten Raum der Baracke, schläft in der ersten Nacht auf einer Pritsche ohne Unterlage, auf dem blanken Holz.

Als ich ihn am nächsten Morgen den Spielern vorstelle, nimmt kaum jemand Notiz von ihm, dem Neuen. Einer, der den Namen des grossen Pele trägt, kann nur ein Angeber sein, denken sie. Aus Trotz nennen sie ihn bei seinem Geburtsnamen: Paul Gomez.

Saihou Sarr nimmt mich zur Seite: "Keine Sorge, Coach", sagt er, "die wissen alle, wer dieser Paul Gomez ist, kennen auch seinen Spitznamen Pele. Sie haben ihn beim letzten Turnier um die Schulmeisterschaft beobachtet. Er war überragend, hatte keine Schuhe an und jagte barfuss die Bälle aus 20, 30 Metern ins Netz. Die tun jetzt nur so, weil sie Konkurrenz fürchten. Aber das wird sich legen, machen Sie sich keine Gedanken!"

Paul, dieser sympathische Junge, hat das gewisse Etwas. Wenn er läuft, sieht er aus wie eine junge Gazelle, die noch keine Ahnung hat von den Anforderungen, die das Leben

einmal an sie stellen wird. Diese Leichtfüssigkeit, das Ball-
gefühl, die Antrittsschnelligkeit, Schüsse rechts wie links –
man muss kein Fussballtrainer sein, um diese Fähigkeiten
sofort zu bemerken. Der grosse Pele aus Brasilien hatte Paul
Gomez vielleicht nur dieses voraus: seine Nähe zum Profifussball bereits in jungen Jahren. Auch die Möglichkeit,
Talent schnell in bare Münze umzusetzen. Und schon mit
17 Jahren für Flamingo Rio de Janeiro oder den FC Santos
spielen zu können. Vor 100 000 Fans im Dress der brasilia-
nischen Nationalmannschaft.

Der Weg von Paul Gomez ist ein anderer. Er will in der
Ersten Liga in der grossen Stadt spielen, am liebsten bei
Real Banjul, einem Verein, der Mühe hat, die Spieler einzu-
kleiden und für Fussballschuhe zu sorgen. Welch ein Kontrast zum Königlichen Klub des vielfachen Europacupsie-
gers aus Madrid, der als Verein der Weltklasse mit seinen
strahlenden Stars wie Alfredo di Stefano, Ferenc Puskas,
Günter Netzer, Paul Breitner oder Hugo Sanchez auch in
Gambia seine Fans hat.

Die "Königliche Elf" aus dem Bernabeu-Stadion im Stadt-
teil Chamartin von Madrid in ihren schneeweissen Trikots
wurde zu einem Begriff im Weltfussball. Die Spielkleidung
von Real Banjul ist zwar auch weiss. Doch eine reichliche
Ausstattung kann sich der kleine Verein nicht leisten. Wird
ein Spieler verletzt oder ausgewechselt, muss er Hose und
Trikot seinem Nachfolger übergeben. Der Verein besitzt drei
Bälle, aber für ein richtiges Spiel ist höchstens einer geeig-
net.

Pele trainiert in seinem kleinen Dorf täglich viele Stunden.
Wenn dieser Paul Gomez nur die Hälfte dessen im Spiel um-

setzen kann, was er im Training zeigt, wird er der neue Mittelstürmer Gambias. Er kann diesen Essa Fey, für den ich mich so stark gemacht habe, völlig vergessen machen. Ich nehme mir vor, diesen jungen Gambier zu formen und zu fördern. Und ich merke sehr schnell, dass er begreift, welche Möglichkeiten sich ihm dadurch eröffnen.

Pele macht täglich Fortschritte, gewinnt an Selbstvertrauen, im Camp und auf dem Spielfeld, lacht, wenn es ihm gelingt, dem routinierten Biri den Ball durch die Beine zu schieben, was diesen wiederum fluchen lässt. Pele ist auf dem richtigen Weg. Die grössten Schwierigkeiten hat er mit seinen neuen Fussballschuhen. Obwohl er sie, nach altem Brauch, vor dem ersten Anziehen erst mal in einen Eimer Wasser getaucht hat, um das Leder seinem Fuss besser anzupassen, wirkt er darin wie ein Kleinkind, das seine ersten Gehversuche macht. "Kann ich nicht weiter barfuss spielen?" fragt er eines Morgens.

Ich sehe den Konflikt. Auf der einen Seite heisst Barfussspielen: noch mehr Ballsicherheit zu bekommen, was fast schon an Ballstreicheln herankommt. Ohne Schuhe fühlt sich Pele sichtlich wohl. Doch auf der anderen Seite gelten auch in Afrika die Richtlinien für den Fussball. Im Regelwerk heisst es: korrekte Spielkleidung ist Bedingung, erst recht in einem Länderspiel, und dazu gehört nun einmal auch das Tragen von Fussballschuhen. Ob mit angespitzten Lederstollen, dicken Plastikklötzen oder abgewetzten Noppen, darauf achten viele Schiedsrichter in Afrika auch heute noch nicht so genau. Doch Schuhe müssen sein – das ist die schwierigste Anpassung, der sich Pele unterziehen muss. Aber es klappt von Woche zu Woche besser. Beim nächsten Länderspiel haben wir das sicher alles im Griff.

Meine
afrikanischen
Freunde

Saihou Sarr, meinem Trainer-Assistenten, verdanke ich vom ersten Tag an viele Tips und Anregungen. Wir verstehen uns. Saihou kennt sich im Fussball schon aufgrund seiner Auslandserfahrung bestens aus. Auch von Kapitän Babacour Sowe und den Spielern wird er akzeptiert. Nie kommt ein böses Wort über seine Lippen.

Saihou hat eine nette Frau und zwei reizende Kinder; er besuchte in Gambia die Höhere Schule und war dann für zwei Jahre in Norwegen, spielte dort für einen Verein der Ersten Liga und studierte Betriebswirtschaft. Wenn das chinesische Management der Stadionanlage in absehbarer Zeit in seine Heimat zurückkehrt, soll Saihou Sarr neben der Tätigkeit als Nationaltrainer auch die Aufgaben eines Stadionmanagers übernehmen.

Als Nationalspieler Gambias war Saihou Sarr neben Biri jahrelang der beste, spielte im Mittelfeld und war in vielen Situationen abgeklärter, cleverer als seine Mitspieler, wenn er versuchte, sich durch einen schnellen Antritt im freien Raum anzubieten, seine Nebenleute aber diesen Prozess des Denkens und gleichzeitigen Handelns nicht schnell genug umsetzen konnten. Seinen grössten Wunsch allerdings, Assistent zu sein und weiter Nationalspieler zu bleiben, konnte ich ihm beim besten Willen nicht erfüllen.

Hier wäre es mit Sicherheit zu einem Bruch im Aufbau einer jungen Mannschaft gekommen und man hätte dem Assistenztrainer jeden Fehler im Spiel sehr negativ ausgelegt und sagen können: "Und du willst uns trainieren?" Saihou sieht schnell ein, dass beides nicht miteinander zu verbinden ist, und das spricht für sein Einfühlungsvermögen.

Auf Erfolgskurs: der deutscheTrainer mit seinen Helfern Biri (links) und Saihou Sarr.

Als Brücke zur Mannschaft baue ich fest auf Babucarr Sowe, den "Vater", anerkannt von allen. Wenn etwas besprochen werden muss, was den zwischenmenschlichen Bereich angeht, ist Babucarr mein erster Ansprechpartner. Er stellt dann die Weichen für die folgenden Einzelgespräche.

Später, nachdem ich bereits drei oder vier Mal in Gambia als Trainer gearbeitet habe, ist der Kontakt mit jedem einzelnen Spieler so gut, dass ich den Kapitän nicht mehr als ersten Ansprechpartner benötige, wohl aber als einen, der mir den tieferen Einblick in die Gefühlswelt meiner Spieler vermittelt, mit mir lange Gespräche über Glaubensfragen führt und mir in diesem Zusammenhang auch zu verstehen gibt, dass während der 27tägigen Fastenzeit Rücksicht auf die religiösen Gefühle der Spieler genommen werden muss.

Der Fastenmonat Ramadan schreibt den Gläubigen vor, von Sonnenaufgang bis Sonnenuntergang auf jegliche Nahrungsaufnahme und Getränke zu verzichten, sich in Gebeten zu ihrem islamischen Glauben zu bekennen, in Demut und Dankbarkeit für ihr Dasein. Da die Fastenzeit in die Monate April oder Mai fällt, ist sie auch fast immer identisch mit der Zeit der Vorbereitungen auf einen Cup oder den Aufbau des Schulfussballs. Geregelte Trainingseinheiten sind also zu dieser Zeit nur bedingt möglich. Sowe ist wirklich das, was man den verlängerten Arm des Trainers nennt.

Lamin Cham, der junge Mann an meiner Seite, ist vom ersten Tag an für alles zuständig, was in Europa ein Betreuer als seine Aufgabe ansehen würde. Der Verband hat ihn nicht bestellt, Geld bekommt er auch nicht dafür, überhaupt weiss keiner, wieso gerade dieser 16jährige Lamin vom ersten Tag an so tut, als gehöre er wie selbstverständlich dazu. Aber er macht Eindruck, weil er zupacken kann und keine Mühe scheut, Bälle aufzupumpen, mit mir am frühen Morgen die Plätze abzustecken, den Koffer mit den Trikots zu schleppen oder bei vielen Dingen behilflich zu sein, um in das Durcheinander eines Trainingscamps ein klein wenig Ordnung zu bringen.

Er zimmert die Bänke für die Umkleidekabine im Stadion und markiert sie mit den Trikot-Nummern, hängt diese akkurat an einen Haken, den er ebenfalls angebracht hat, manchmal schief und krumm, aber Hauptsache: er hält. Lamin ist ein gelehriger Schüler, will alles wissen, lässt sich die Texte aus den deutschen Fussball-Lehrbüchern ins Englische übersetzen und schreibt grundsätzlich alles mit, was sich auf dem Trainingsplatz tut. Wenn ich, was oft vorkommt, gleich zehn Dinge auf einmal zu verrichten habe, nimmt er mir zwei oder drei davon ab.

Kleiner Freund
mit kleinen Schwächen:
Betreuer Lamin Cham.

Lamin spielt für einen kleinen Dorfverein ausserhalb der Stadt, ist Torhüter und Mannschaftskapitän. Die Gambia-Highschool hat er gerade abgeschlossen, einen Job noch nicht gefunden, also ergreift er selbst die Initiative. Er ernennt sich eigenständig zum Manager der Nationalmannschaft und wenn ihn einer fragt, wer ihm diese Kompetenzen eingeräumt habe, gibt er, clever wie er ist, meinen Namen an. Das scheint alle zu beruhigen, obwohl ich weiss, dass der liebe Lamin seine Helferrolle, die ich akzeptiere, nach aussenhin ganz anders darstellt.

Lamin weicht nicht mehr von meiner Seite, baut seine "Position", zu der er, wie gesagt, nie offiziell ermächtigt worden ist, immer weiter aus, und weil er auch von Kapitän Sowe und den Mannschaftskameraden akzeptiert wird, kann ihm nichts passieren.

Da er sich oft stundenlang allein in meinem Zimmer aufhält und grundsätzlich alles durchstöbert, was von Interesse ist, nimmt er sich mehr und mehr auch gewisse Freiheiten heraus, beispielsweise mit meinen Fussballschuhen zum Spiel in sein Dorf zu verschwinden; oder er packt unauffällig das Torwarttrikot in seine Plastiktasche. Wenn aus Deutschland Entwicklungshilfe eintrifft und ich nicht anwesend bin, nimmt sich Lamin wie selbstverständlich das Recht, die Pakete zu öffnen und in allem erst einmal herumzuschnüffeln.

Es fällt mir nicht schwer, herauszufinden, ob Lamin ein ehrlicher Bursche ist. Denn wenn aus meinem Vorrat auch einmal etwas fehlt, ist wenig später alles wieder an Ort und Stelle, ein bisschen verdreckt und verstaubt, aber eben wieder da. Also lasse ich ihn gewähren. Schliesslich macht er alles wirklich ehrenamtlich.

Um keinen falschen Eindruck zu erwecken: ich betrachte Lamin nicht als meinen Hilfsassistenten, der die Dreckarbeit zu erledigen hat. Er bekommt von mir viele Tips und ein gutes Taschengeld, das ich von meinen Tagesspesen leicht abzweigen kann, da mir Unkosten so gut wie keine entstehen.

Natürlich erliegt mein Lamin manchmal doch der Versuchung, das eine oder andere in seiner Tasche verschwinden zu lassen. Aber es sind ausschliesslich Kleinigkeiten wie Souvenirs, die er dann voller Stolz in seinem Dorf verteilt. Auch lässt er beim Essen mit der Mannschaft schon mal ein kräftiges Stück Fleisch unauffällig mitgehen für seine Familie daheim. Es ist wirklich bemerkenswert, wie er es versteht, sich zu etablieren, ohne jemals dazu aufgefordert worden zu sein! Ist es da nicht verständlich, dass Lamin Cham das eine oder andere Mal auch die Grenzen seiner Handlungsmöglichkeiten überschreitet?

Als ich einmal bei einem Fortbildungs-Lehrgang für gambische Fussballtrainer ein paar Minuten später eintreffe, ist Lamin schon aktiv, lässt die Trainer – grösstenteils hätten es seine Väter sein können – nach seiner Trillerpfeife tanzen. Er solle schon einmal anfangen, hätte ich ihm gesagt.

Eines Tages muss ich, da sich solche Fälle mehren, mit Lamin ein ernstes Wort reden, das seine Wirkung nicht verfehlt. Er zieht sich daraufhin eine ganze Woche in den Schmollwinkel zurück, kommt überhaupt nicht mehr ins Camp. Doch eines Morgens ist er wieder da, so, als sei nichts geschehen. Aber man kann diesem Kerl einfach nicht böse sein, so sehen es wohl auch die Verantwortlichen.

*****

Von Lamin Cham, Saihou Sarr und Babucarr Sowe habe ich gelernt, mit der Mentalität der Afrikaner besser umzugehen. Heute verstehe ich, dass sie Fremden gegenüber Bitten äussern müssen. Es ist ihre einzige Chance, zu wichtigen Kleidungsstücken, Schuhen oder Lebensmitteln zu kommen, von Sportartikeln ganz zu schweigen.

Nach wie vor bekomme ich Briefe aus Gambia, liebevoll geschrieben, mit vielen Komplimenten über meine Arbeit in ihrem Land, mit Wünschen nach baldigem Wiedersehen. Im letzten Drittel des Briefes findet sich dann, fast nebenbei erwähnt, eine Aufreihung von Wünschen, die insgesamt nur sehr schwer zu erfüllen sind. Wenn ich heute vor Trainern oder bei Diavorträgen über meine Arbeit als Entwicklungshelfer berichte, nutze ich immer die Gelegenheit, eine Spendenaktion für Gambia anzuregen. Und tatsächlich sind daraus schon viele Hilfestellungen geworden.

Ich denke da an eine Offenbacher Trainergemeinschaft, die in wenigen Wochen zwei Tonnen Sportartikel, neu und gebraucht, zusammengestellt hat und sie auf eigene Kosten nach Gambia verschiffen liess oder an die Baunataler Vereine, die ein ähnliches Projekt starteten und damit Menschen in Westafrika glücklich machten.

Wie ausgelassene Kinder wirken Gambias Nationalspieler

beim Ausflug in den Süden des Landes.

Entwicklungshilfe trifft ein...
... als Dank ein Schnappschuss für den Fotografen.

Spartanisches Leben im Trainingscamp...
... und Paraden von Ali Samba auf hartem Sandboden.

Vor malerischer Kulisse: Konditionstraining

der Fussball-Nationalmannschaft am Strand.

Überall gibt es kleine Peles...
...und trainiert wird von morgens bis abends.

Transportprobleme werden einfach gelöst:
die Nationalmannschaft auf dem Weg zum Trainingsspiel.

Gambische Gastfreundlichkeit...
...Touristen entdecken das Land am Gambia-River.

Gambias Hauptstadt Banjul – und die Menschen.

Die
grossen Kinder

Afrikaner haben eine Eigenschaft, die ich besonders mag: sie bleiben stets Kinder, wenn es um Spiel und Sport geht. Dann jagen sie stundenlang den Bällen nach, halten sie – wie einst Pele – hundert Mal hoch, versuchen, ihre Gegenspieler auszutricksen, wie sie nur können und freuen sich diebisch, wenn ihnen ein Tor gelingt. Das allerdings passiert nicht so oft.

Nun gibt es Abschluss-Schwächen auch auf anderen Kontinenten, selbst in klassischen Fussball-Ländern. Doch bei den Afrikanern habe ich den Eindruck gewonnen, dass vor allem fehlendes Selbstvertrauen und nicht zuletzt überschäumendes Temperament, gepaart mit mangelnder Konzentration, die Hauptgründe dafür sind.

Auch gezieltes Torschusstraining mit der Nationalmannschaft kann nicht garantieren, in einem Spiel der Meisterschaftsrunde oder sogar in einem Länderspiel eine Überlegenheit in Tore umzusetzen. Die Mannschaft spielt wirklich guten Fussball, setzt um, was wir im Training gelernt haben: weiträumiges Spiel, schnelle Passfolgen, gutes Kopfballspiel, Zweikampfstärke. Doch ein 1:0 ist oft die magere Ausbeute.

Und wehe, wenn der Gegner zum Ausgleich kommt! Dann brechen Dämme ein, verliert die Mannschaft vollends ihren Mut, macht die einfachsten Fehler.

Zwei Wochen vor dem Länderspiel gegen Mauretanien wende ich einen psychologischen Trick an. Ich sage meinen Leuten, dass wir aufgrund der guten Technik, Taktik und Kondition uns jetzt in den noch verbleibenden Tagen allein auf das Toreschiessen konzentrieren wollen. Alle sind einverstanden. Aufwärmtraining mit dem Ball, dazwischen Dehn- und Streckübungen, wieder Ballspiele wie drei gegen einen oder zwei gegen zwei. Das macht allen Riesenspass. Torschusstraining nach Flankenläufen, nach Doppelpässen, nach blitzschneller Drehung um ein aufgestelltes Hindernis herum, nach Eckstössen oder Freistössen. Knallharte Schüsse aus vollem Lauf auf ein Tor, das von Ali und Babou abwechselnd gehütet wird.

Die Bälle fliegen den beiden Torhütern auf dem sandigen Trainingsplatz nur so um die Ohren. Das Ganze dauert etwa eine Stunde am Vormittag, eine Stunde am Nachmittag. Immer eingeleitet von leichtem Aufwärmen und abschliessend mit einem Spiel über den ganzen Platz oder auch schon mal quer, um Dribblings, Doppelpässe und Zweikampfverhalten zu schulen.

Die Spieler sind überzeugt, dass sie nach diesem intensiven Torschusstraining den Mauretaniern einige satte Schüsse ins Netz jagen werden. Das Selbstvertrauen steigt von Tag zu Tag. "Heute hat jeder Spieler 500 Mal auf das Tor geschossen!" rufe ich nach dem Training über den Platz und spüre ihren Stolz und ihre Zufriedenheit.

"Heute waren es 1 000 Schüsse pro Mann!" sage ich am nächsten Tag. Ich merke, wie die Motivation steigt, wie sich die Mannschaft euphorisch steigert und das letzte Trainingsspiel gegen eine gambische Auswahl mit 12:0 gewinnt. Und das im Schongang. In den Köpfen der Spieler ist dieses fest verankert. Der Trainer hat in zwei Wochen mit uns 1 000 Mal immer wieder dasselbe geübt: Schiessen, Schiessen, Schiessen! Jetzt können wir's!

Dass sie mit dem unerhörten Ehrgeiz beim Torschusstraining auch ganz automatisch das taktische Verhalten und die Kondition durch pausenlose Beschäftigung verbessert haben, ist ihnen weitgehend verborgen geblieben. Aber jeder merkt es: die Moral war nie besser! Die gute körperliche Verfassung betrachten die Spieler als Ergebnis des harten Trainings in den Monaten zuvor, jetzt ist noch das gezielte Torschusstraining mit immer besser werdenden Resultaten hinzugekommen.

Um es vorweg zu nehmen: Mauretanien wird mit 4:0 vom Platz gefegt. Der Gegner hat keine Chance. Im Übereifer, selbst sofort schiessen zu sollen, werden sogar noch Chancen vertan. Selbst aus 40 Metern ziehen die Mittelfeldspieler ab. Immer in der Gewissheit, es in den vorausgegangenen Wochen 1 000 Mal geübt zu haben und es nun einfach können zu müssen.

Ganz Gambia ist stolz auf seine Nationalmannschaft. Der Optimismus steigt mächtig. "Der Cup muss her!" fordern sie jetzt.

Spuk
und böse Geister

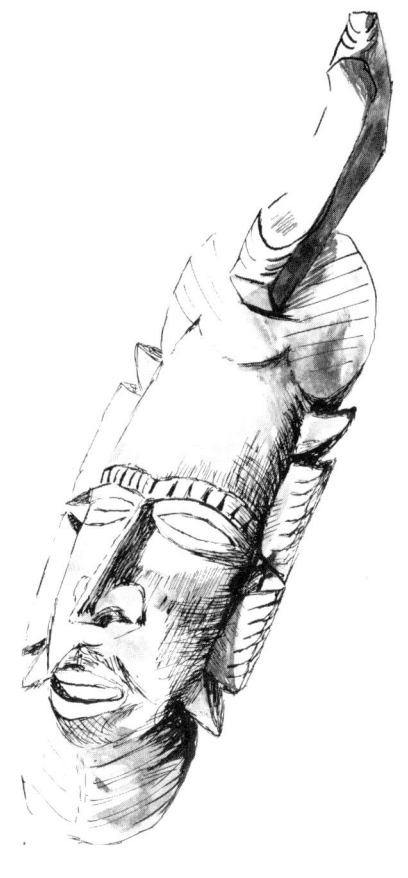

Glaube ich an Spuk und böse Geister? Eigentlich nicht. Doch die Spieler des gambischen Landesmeisters FC Wallidan denken da ganz anders. Ich hatte mich, neben anderen Aufgaben, bereiterklärt, den FC Wallidan auf die Spiele um den Westafrika-Cup der Pokalsieger vorzubereiten.

Der Gegner ist kein Unbekannter. Denn Sierra Leones Vertreter ist fast identisch mit der Nationalmannschaft, die mir seit dem Skandalspiel gegen Gambia nicht gerade in guter Erinnerung ist.

Jeden Abend trainieren wir zwei Stunden auf einem Platz, der keinen Grashalm aufweist, übersät ist mit kleinen Steinen und viel Unrat. Doch meine ehrgeizige Mannschaft stört das nicht. Es geht rapide aufwärts. Im Ligaspiel wird der langjährige Konkurrent Ports Authority, der meistens die Nase vorn gehabt hatte, erstmals klar geschlagen. 5:0 – das gibt Auftrieb! Einige Spieler sind gute alte Bekannte: Ali, Biri oder Babucarr Sowe.

Mister Conateh, der Mäzen des Vereins und Besitzer einer Krabbenfischerei in Banjul, hat einen Kleinbus zur Verfügung gestellt, mit dem die Spieler von ihrem Arbeitsplatz – grösstenteils bei Mr. Conateh – zum Trainingsfeld gefahren werden. Bis heute weiss ich nicht, wie es möglich war, 16 und manchmal auch mehr Spieler in dem für acht Personen vorgesehenen Transporter unterzubringen. Aber im Notfall geht in Afrika vieles.

Zwei Tage vor dem Spiel sind wir in vertrautes Gebiet vorgerückt: das Chinesencamp neben dem Stadion. Die Begegnung der beiden Landesmeister wird in Gambia wie ein Länderspiel angesehen. Alles ist auf den Beinen, das

Stadion wieder bis auf den letzten Platz besetzt. 30 Minuten vor Spielbeginn, als wir uns nach intensiver Vorbereitung gerade auf den kurzen Weg hinüber zum Stadion machen wollen, kommt Biri aufgeregt angerannt. "Coach, Sie müssen sofort kommen, etwas Schreckliches ist passiert!"

Ich bin auf vieles vorbereitet, nur nicht darauf. Biri zeigt voller Angst auf ein grünes Pulver, das, in unregelmässigen Abständen ausgestreut, den schmalen Pfad hinüber zum Stadion bedeckt. Ich denke an Waschmittel, vielleicht auch an Farbpulver. "Der Weg ist verhext!" ruft Biri ganz aufgeregt, und die übrigen Spieler stimmen dem sofort zu. Biri will sogar einen Mann aus Sierra Leone gesehen haben, der das Pulver ausgestreut haben soll, kann ihn aber im Pulk der Zuschauer nicht mehr ausmachen.

Es herrscht helle Aufregung. Auf keinen Fall werden sie diesen Weg zum Stadion gehen, darüber sind sich alle einig. Die Minuten verstreichen, keiner will das Camp verlassen. Mir fällt plötzlich der Kleinbus ein. Ich kenne einen schmalen Pfad, der mich oft zu Spaziergängen angeregt hat. Er führt seitlich am Camp vorbei, zunächst in eine ganz andere Richtung, kreuzt dann an einem Termitenhügel einen anderen Weg, der von Westen schnurgerade zum Stadion führt. Ich schätze die Strecke auf drei Kilometer.

Jetzt heisst es handeln. Nur mit dem Bus kann die Strecke noch bewältigt werden, wollen wir die Anstosszeit nicht verpassen. "Alles in den Bus, ich fahre selbst!" rufe ich meinen Spielern zu. Und so geht es im Höllentempo über die schmale Wegstrecke. Wir werden durchgeschüttelt wie auf einem Traktor, Staub wirbelt auf. Zehn Minuten vor Spielbeginn treffen wir ein.

Der gambische Pokalsieger in der Spielkleidung des VfB Stuttgart.

Der Weg war möglicherweise verhext, nicht aber die Spieler. Sie gewinnen 2:0, spielen vier Wochen später in Freetown 0:0 und kommen eine Runde weiter. Mister Conateh lädt uns anschliessend zum Essen in sein Haus ein. Natürlich gibt es Krabben. Ausserdem erhält jeder ein kleines Geschenk.

Auch ich möchte mich bei meinen Leuten für ihren tollen Einsatz bedanken und überreiche ihnen eine gerade aus Deutschland eingetroffene Garnitur Fussballtrikots, gestiftet vom VfB Stuttgart. Da auch ein Poster der VfB-Elf dabei liegt, will nun jeder gern wissen, wessen Rückennummer er trägt oder auf wessen Position er spielt. An diesem Abend bin ich dann nur noch damit beschäftigt, Abu Saar in Jürgen Klinsmann, Momodou Jallow in Fritz Walter oder meinen Ali Samba in Eike Immel umzutaufen. Wie ich erfahre, sind diese Namen jetzt auch in Gambia ein Begriff. Und aus dem FC ist inzwischen ein VfB Wallidan geworden!

Nette
Landsleute

Mit seinem Vollbart und einer kleinen Wollmütze auf dem Kopf, dem batikbemalten Hemd und weit ausfallenden Hosen erinnert mich Hardy Kluge seit dem ersten Tag unserer Bekanntschaft an einen Hippie aus den sechziger Jahren. Hardy ist Entwicklungshelfer in Gambia, entsandt von "Action Aid", einer englischen Organisation für Hilfe in der Dritten Welt. Mit Spielen, der elementarsten Form des Sports, soll er an den Schulen die jungen Gambier motivieren.

Hardy wohnt in einem afrikanischen "Compound", einer Wohngemeinschaft, die ihn mit seiner englischen Frau Charlie und Tochter Rose gesellschaftlich tief in das Leben der Einheimischen einbindet. Es sind Familien des einflussreichen Mandingo-Stammes, mit denen er hier zusammenlebt, deren Sprache er ein bisschen versteht und sprechen kann.

Hardy ist in ganz Westafrika viel herumgekommen. Doch hier in Gambia fühlt er sich am wohlsten. Er ist, wie so viele Entwicklungshelfer, ein Idealist, kennt keinen Acht-Stunden-Tag, arbeitet auch an Sonn- und Feiertagen. Seine englische Frau schreibt afrikanische Kinderbücher und illustriert sie auch selbst.

Hardy arbeitet als Sportlehrer an den Schulen, betreut aber auch die Leichtathleten des Landes, die mit einer kleinen Delegation bei Olympischen Spielen ihr Land vertreten. Auch wenn diese Athleten über die Vorentscheidungen nicht hinauskommen werden, Coubertins Gedanke vom Dabeisein ist für sie Motivation genug. Der Sport gibt ihnen die Chance, herauszukommen aus den Elendsvierteln und die Welt kennenzulernen, im Land selbst bessere Arbeitsplätze zu bekommen.

Momodou Njie, ein Schüler von Hardy, ist einer der besten Mittelstreckenläufer Westafrikas, aufgewachsen am Gambia-River, sieben Kilometer vom Stadtzentrum Banjuls entfernt. Weil er die langen Fussmärsche zur Schule satt hatte, begann er diese Strecken zu laufen, trainierte Muskeln und Kreislauf. So kam er zum Sport. Als er 17 war, wurde der gambische Leichtathletik-Verband auf ihn aufmerksam, gab ihm die Gelegenheit, sich mit Hilfe ausländischer Trainer zu verbessern.

Momodou Njie bekam durch Vermittlung des Olympischen Komitees von Gambia einen Arbeitsplatz bei einer Versicherungsgesellschaft in Banjul. Er verdient 200 Mark im Monat, ein für gambische Verhältnisse gutes Gehalt, das er unter seiner Familie – Momodou ist mit seinen 22 Jahren noch nicht verheiratet – aufteilt. Er selbst wohnt inzwischen gleich hinter dem Stadion in einem kleinen Häuschen. Taubenzüchten ist sein Hobby. Im kleinen Garten tummeln sich aber auch Hühner, Enten, Katzen und Hunde. Nachbarskin-

Auch die gambischen Leichtathleten sind auf Entwicklungshilfe angewiesen.

Hardy Kluge:
Afrika ist seine zweite Heimat.

der gehen bei ihm ein und aus, wollen von ihm wissen, wie es in der grossen, weiten Welt aussieht. Momodou liest gern Bücher über afrikanische Geschichte. Wenn ihn abends nach dem Training seine Freunde besuchen, wird Backgammon gespielt.

Dies alles erzählt mir Hardy, als ich ihn kennenlerne. Wir merken schnell, dass wir gemeinsame Auffassungen haben; denn beide suchen wir in diesem Land nach Möglichkeiten, das Leben der Menschen freudvoller zu gestalten, wenn uns dazu im Augenblick auch lediglich die vielen spielerischen Elemente des Sports zur Verfügung stehen. Aber wir wissen, dass wir damit einiges bewegen können, haben erfahren, welche Lebensfreude schon ein irgendwo auf einem staubigen Sandplatz organisiertes Fussballspiel vermitteln kann.

In wichtiger Mission unterwegs: Bauingenieur und Fussballfan Günter Hagemann.

Hardy bot mit damals seine Hilfe an, als Betreuer oder auch Ballschlepper, wie er das in seiner Bescheidenheit nennt. Auf sein Angebot zur Mithilfe bin ich gerne zurückgekommen, war später oft Gast seiner Familie, vertiefte eine Freundschaft, die nun schon seit Jahren Bestand hat, obwohl Hardy inzwischen in England lebt. Wenn er mir schreibt, ist immer wieder von Afrika die Rede, von seinen Ideen zur Verbesserung der dortigen Lebensbedingungen. Doch der englischen Hilfsorganisation stehen im Augenblick

111

keine Mittel zur Verfügung. Daher arbeitet Hardy jetzt in Bristol auf einem alternativen Stadtbauernhof. Seine Hoffnung, nach Afrika zurückzukehren, hat er nicht aufgegeben.

Günter Hagemann aus Wuppertal ist einer jener deutschen Bauingenieure, die für Wasserbrunnen in Gambia die Verantwortung übernommen haben. Wenn er, wie seit Jahren schon, mit seinen Bautrupps von Dorf zu Dorf fährt, um neue Brunnen zu bauen oder alte auf ihre Wasserqualität hin zu überprüfen, kommen alle Dorfbewohner angelaufen, um ihm und seinen Leuten bei der Arbeit zuzusehen.

Sie danken ihnen für diesen Segen der Zivilisation: frisches, sauberes Wasser aus vielen Metern Tiefe. Voller Stolz tragen die Frauen das Wasser in Krügen in ihre Hütten, geben den weissen Männern Früchte und hin und wieder Handgeschnitztes als Dank mit. Die Reise, die ich einmal mit dem Fussballfan Günter Hagemann durch den nördlichen Teil Gambias mitmachte, glich einer wahren Triumphfahrt. Stets waren wir umringt von Kindern, die auch im Gegensatz zu vielen Gambiern nichts dagegen einzuwenden hatten, dass wir einige Erinnerungsfotos machten.

Günter Hagemann war immer unter den Zuschauern, wenn Gambia oder auch eine Vereinsmannschaft im Stadion spielte. Für Fussball gab er alles. Vor seinem Haus, nur wenige Minuten vom Stadion entfernt, hatte er eine grosse Antenne errichtet, um über die Deutsche Welle die Spiele der deutschen Bundesliga zu verfolgen. Im "Ambassador", dem Treffpunkt der deutschen Kolonie in der Pipeline Road, wurde er dann stets mit Spannung erwartet, weil alle die Ergebnisse erfahren wollten. Inzwischen ist Günter Hagemann nach Deutschland zurückgekehrt.

Gambias Transportprobleme – Autos können sich nur die wenigsten leisten – löst ebenfalls ein deutsches Team, das mit einer Flotte von 50 Bussen mit dem Stern inzwischen ein recht übersichtliches Verkehrsnetz in Gambia aufgebaut hat, das sogar über den Trans-Senegambia-Highway in der Nähe von Mansa Kongo bis nach Dakar führt. Auch die Busfahrer des Landes bekommen hier ihre Ausbildung. Die Gambierin Aisa Tou wurde kürzlich zur ersten weiblichen

Sorgte bei Fussballübertragungen für den guten Ton:
NDR-Entwicklungshelfer Wolfgang Worthmann aus Hamburg.

Busfahrerin Westafrikas ausgebildet. Deutsche Experten leiten auch eine Fachschule, die afrikanisches Personal für die Arbeit in den Hotels ausbildet. Der wachsende Tourismus wird davon profitieren.

Wolfgang Worthmann, mein Kollege vom NDR, ist schon wieder in einem anderen Teil der Welt unterwegs. Ich vermute, dass er von der Gesellschaft für Technische Zusammenarbeit, die ihren Sitz in Eschborn bei Frankfurt hat, inzwischen nach Sansibar versetzt wurde; mit Frau und Kind. Wolfgang Worthmann, der immer guter Dinge war, modernisierte Radio Gambia, sorgte dafür, dass Nachrichten und Musik ihren Weg aus dem hässlich grün gestrichenen und völlig baufälligen Sender nach Banjul und in seine nähere Umgebung fanden, wenn auch nicht in bester Qualität. Bei den Fussballreportagen von Sportreporter Saul Njie strengte er sich immer besonders an. Wie er das anstellte, weiss ich bis heute nicht. Fest steht jedenfalls, dass diese Übertragungen live aus dem Stadion und die vielen Interviews im Camp meiner Mannschaft immer eine bessere Tonqualität aufwiesen als die Musik oder das sonstige Sprachgewirr aus Englisch und den verschiedenen Landessprachen.

Vielleicht setzte der gute Wolfgang bei Fussballübertragungen einen Extraverstärker aus der stillen Reserve ein, ich weiss es nicht. Aber er hat es auf jeden Fall gut gemeint und der Abschied fiel mir damals schwer – auch aus menschlichen Gründen.

Afrika
lässt mich nicht
mehr los

Der letzte grosse Regen hat seine Spuren hinterlassen. Das Wellblech der Hütte beginnt zu rosten, hat eine hässliche schmutzig-graue Farbe angenommen. Die Türen und Fenster lassen sich nicht mehr schliessen. Wir hämmern und zimmern einen ganzen Tag lang, flicken grossflächige Moskitonetze, säubern die Wasserstelle von allerlei Ungeziefer, das sich in den letzten Monaten angesiedelt hat. Die Poster der deutschen Bundesligaspieler sind vergilbt, die Pritschen mit den dünnen Strohmatten riechen übel und werden immer wackliger.

Mein Verteidiger Garba Touray kommt freudestrahlend auf mich zu, erzählt, er habe von seinen Verwandten in Georgia, USA, erfahren, dass er ein Stipendium an einer Universität erhalten werde und seine Verwandten für alles aufkommen wollen. Die Geschwister leben schon seit 20 Jahren in den Staaten, haben sich dort eine Existenz aufgebaut, und Garba hat keinen sehnlicheren Wunsch, als ihnen zu folgen. In Banjul hat er an der Technical Highschool mit besten Noten abgeschnitten. Garba, den ich als besonders ruhigen und besonnenen Menschen schätze, ist verheiratet, ein Kind wird in Kürze zur Welt kommen. Ein Sohn soll es werden, sagt Garba, und darum bete er täglich zu Allah.

Torhüter Ali ist wieder ein Stückchen gewachsen. Er hat geheiratet, will mir unbedingt in der nächsten Woche seine Frau vorstellen.

Diesmal wohne ich mit meinen Leuten zusammen im Camp. Sogar der Kühlschrank funktioniert. Die mitgebrachten Medikamente füllen ihn fast vollständig, sie müssen bei den hohen Temperaturen der nächsten Wochen kühl gelagert werden. Das unterste Fach bleibt reserviert für die Getränke; zwischen Cola und Mineralwasser verstecke ich ein paar Flaschen Bier. Die Spieler sind als Moslems strikte Alkoholgegner, was mir nur recht sein kann. Ich jedoch trinke abends gerne mein Bierchen, um besser abschalten zu können von den vielen Aufgaben, die auch in den nächsten Wochen wieder auf mich zukommen werden.

Da fragt zum Beispiel die Schiedsrichter-Vereinigung an, ob ein Kurzlehrgang in den Abendstunden möglich ist. Das Sportministerium bittet mich darum, erneut am Aufbau des Schulfussballs mitzuwirken, Anregungen zu geben, wie auch die Schulen im Innern des Landes angesprochen werden können. Organisatorische Fragen sind zu klären. Der Sportminister des Landes bittet um einen Besuch, und Freund Saul Njie von Radio Gambia ist natürlich wieder da, möchte einen "Report", einen täglichen Bericht, aus dem Camp senden. Denn nun wird es ernst. Meine Mannschaft hat sich für das Halbfinale des Afrika-Cups qualifiziert.

Wir freuen uns auf das Spiel gegen Mali, sind zuversichtlich, endlich einmal das Endspiel zu erreichen, vielleicht sogar den Cup zu gewinnen.

Ich hänge den mitgebrachten Kalender an die Wand, trage alle Termine sorgfältig ein, weiss, es wird nicht anders als früher: Arbeit rund um die Uhr. Aber ich habe mir diese Aufgabe ja selbst ausgesucht. Mein Ehrgeiz sagt Ja, die Warnzeichen, die der Körper aussendet, deuten manchmal auf Nein. Nachts wälze ich mich oft unruhig von einer auf die andere Seite. Wenn ich gar nicht schlafen kann, sitze ich im Trainingsanzug an meinem Tisch und skizziere Mannschaftsaufstellungen, spiele die verschiedensten Varianten durch, überfliege immer wieder meine Lehrgangsziele. Aber

ich denke auch darüber nach, wie diesem mir so lieb gewordenen Land, auch über den Sport hinaus, geholfen
werden kann.

In den nächsten Tagen muss die vom NOK zusammen-
gestellte Entwicklungshilfe eintreffen, und wie immer auf
diesen Reisen nach Westafrika kommt auch Unterstützung
aus Herzogenaurach. Seit vielen Jahren bin ich nun schon
unterwegs. Der längst zum Weltunternehmen gereifte ehemalige Familienbetrieb, in dem ich noch Adi Dassler bei seiner Arbeit in der kleinen Schuhwerkstatt besuchen konnte,
brachte immer Verständnis für meine Bitten auf, wenn es um
Spenden für Länder der Dritten Welt ging. Das Unternehmen
hat inzwischen in Afrika Kinderdörfer errichtet und verzich-
tet auf Weihnachtsgeschenke an seine Kunden mit dem
Hinweis auf die Verwendung dieser Gelder für die notlei-
denden Menschen in Afrika.

Kein einziges Mal hat mich jemand um Gegendienste gebeten, beispielsweise diese Hilfsaktionen publizistisch aus-
zuwerten. Gerade hier in Afrika denke ich oft an die Freunde in der Heimat, die mir wichtige und oft auch lebensnotwendige Spenden mit auf den Weg gegeben haben. Der
Sport, aber auch Schulen, Kindergärten, Hospitäler und
notleidende Familien konnten davon profitieren. Der Ruf, den
deutsche Entwicklungshelfer geniessen, wäre ohne diese
Hilfe aus der Heimat nicht möglich, das weiss ich, und das
werde ich nicht vergessen.

Wie sehr sie gebraucht wird, merke ich immer wieder. Die
Dörfer schicken Abordnungen, um Unterstützung für ihre
kleinen Lebensgemeinschaften zu erhalten, kommen in langen Fussmärschen zum Camp und tragen ihre Wünsche

Neue Trikots aus Deutschland
für Gambias Fussball-Nationalmannschaft.

vor. Sie erhoffen sich Hilfe vom deutschen Entwicklungshel-
fer, der in ihren Augen auch ein Doktor ist. Sie leiden an
Malaria, Hautausschlägen, Bronchitis, Asthma, chronischen
Erkältungen, natürlich auch an Krankheiten wie Typhus oder
Meningitis.

Meine Hilfe kann nur bescheiden ausfallen. Denn trotz der
in fast 20jähriger Arbeit als Entwicklungshelfer erworbenen
Erfahrungen auch auf medizinischem Gebiet: bei den
schweren Erkrankungen dieser Menschen bleibt nur der
Weg, die Kontakte mit den Ärzten des Royal-Victoria-Hospitals in Banjul in Anspruch zu nehmen. Aber die wenigen
Krankenhäuser und Hospitäler sind restlos überfüllt, die
Verwandten nächtigen auf Decken und Strohmatten hinter
dem Krankenhaus.

Royal-Victoria-Hospital von Banjul:
humanitäre Hilfe ist dringend notwendig.

120

Diese Menschen benötigen einen starken Glauben, um noch einen Sinn im Leben zu sehen, das grösstenteils von Armut und Krankheiten geprägt ist. Oft denke ich: wie winzig klein ist meine Hilfe, wie sorglos und egoistisch leben viele Menschen, die nie Kontakte zur Dritten Welt hatten und schon aus ihrer Unwissenheit heraus nicht auf die Idee kommen, mitzuwirken an weltweiten Aktionen.

"Ich glaube, dass auf dem Gebiet der Entwicklungshilfe noch vieles getan werden muss!" erzählt mir Dr. Derek Seymour-Jones, der Ärztliche Direktor des Royal-Victoria-Hospitals in Banjul. Er macht sich Sorgen, weil die für die Entwicklungshilfe ausgegebenen Gelder seines Erachtens oft nicht sinnvoll eingesetzt werden. "Sehen Sie dieses moderne Röntgengerät, das uns die britische Regierung gestiftet hat. Wir sind froh darüber, es ist ein wichtiger Bestandteil der Diagnose, der Früherkennung von Krankheiten. Doch die Möglichkeiten, die uns dieses Gerät bietet, können nicht voll ausgeschöpft werden, weil immer wieder Röntgenfilme fehlen!"

Genau das ist der Punkt, den die Länder unserer hochindustrialisierten Welt zu wenig beachten. Mit einer grosszügigen Spende allein ist es eben nicht getan. Irgendwann ist dann eine Inspektion notwendig, werden Ersatzteile benötigt, von der mangelhaften Ausbildung der Afrikaner, mit modernen Geräten umzugehen, einmal ganz zu schweigen. Tagelang konnte im Hospital nicht operiert werden, weil Mull und Verbandsmaterial fehlten und der kleine vorhandene Rest für Notfälle reserviert werden musste.

Ich muss bei dem Gespräch mit Dr. Seymour-Jones an das von den Chinesen erbaute grosse Fussballstadion denken. Schon jetzt, nach wenigen Jahren, fällt oft die moderne Anzeigetafel aus, fehlen Birnen in der Flutlichtanlage, fängt die Laufbahn an, seitlich einzureissen. Noch sind die chinesischen Fachleute da, um die nötigen Reparaturen durchzuführen und auch zu bezahlen. Doch was wird in zehn Jahren sein? Fragen, die mich immer mehr bedrängen.

Humanitäre Hilfe aus Deutschland für Dr. Seymour-Jones.

Wie Pele
ein Königreich
herausfordert

Der 18. Februar rückt immer näher. Und damit das Halb-finalspiel um den Afrika-Cup gegen Mali.

Genau an diesem Tag im Jahre 1965 hatte Gambia als selbständiges Mitglied im Commonwealth of Nations mit Königin Elizabeth als Staatsoberhaupt zunächst seine volle Unabhängigkeit erlangt. Als Premierminister Sir Jawara mit seiner Partei 1970 die Mehrheit erlangte, löste sich Gambia von Grossbritannien und wurde eine Republik. Seit dieser Zeit ist Sir Jawara Staatsoberhaupt und über die Grenzen Gambias hinaus in Afrika als Schlichter und Friedensrichter bekannt. Er, ein guter Freund des gambischen Generalkonsuls in Deutschland, Engelbert Eichner, spielt leidenschaftlich gern Golf, ist aber auch ein Fussballfan, der früh angekündigt hat: "Beim Länderspiel gegen Mali werde ich im Stadion mit dabei sein!"

Diese Begegnung wird wohl kein Gambier jemals vergessen. Viele 1 000 Fussballfans, aus allen Teilen des Landes mit Pferdekutschen, Ochsenkarren, Buschtaxis oder zu Fuss gekommen, finden keinen Einlass, stehen oder sitzen dennoch vor dem Stadion, wollen zumindest in unmittelbarer Nähe miterleben, wie Gambia die Elf aus Mali schlägt, und über letzteres gibt es überhaupt keine Zweifel. Im Stadion unter Flutlicht sitzt eine dichtgedrängte Menschenmenge, ausgerüstet mit Trommeln und Lärmwerkzeugen aller Art. Fetischisten und Medizinmänner heizen die Stimmung an.

Pele hat sich ganz still in eine Ecke der Kabine verkrochen. Mit inzwischen 18 Jahren soll er heute zum ersten Mal für sein Land spielen. Ob es gut gehen wird? Mit seiner Nominierung habe ich nicht nur Fürsprecher gewonnen. Sheikh Ndure beispielsweise, der vorher auf dieser Position gespielt

Auf den Spuren des grossen Pele:
Paul Gomez, Gambias schwarze Perle.

hat, macht ein ziemlich saures Gesicht, äussert seinen Un-
mut darüber, dass er einem so unerfahrenen Burschen Platz
machen muss.

Auch einige Mitglieder der Kommission haben Bedenken angemeldet. Doch die letzten Testspiele und die Leistungen im Training waren so überzeugend ausgefallen, dass ich Paul Gomez, den Pele Gambias, ohne grosse Bedenken zum Einsatz bringe. Von allen Spielern, die ich bisher in Gambia gesehen habe, ist dieser Junge das grösste Talent, darüber gibt es überhaupt keinen Zweifel. Bei den Zuschauern steht er ebenfalls hoch im Kurs, das weiss ich.

Ich habe volles Vertrauen, lege meine Hand auf seine Schulter und frage ihn, wie er sich fühlt. Pele sagt nur: "Okay, Coach!" Er wirkt konzentriert, keineswegs nervös.

Ich habe das Gefühl, alles Menschenmögliche getan zu haben, um eine Mannschaft auf das Spielfeld zu schicken, die in der Lage ist, den körperlich überlegenen Fussballern aus dem alten sagenumwobenen Königreich Mali Paroli bieten zu können. Zwei Stunden vor Spielbeginn, als das Stadion schon brechend voll ist, sitzen wir in unserem Aufenthaltsraum der Baracke zusammen, um unsere taktischen Vorstellungen noch einmal durchzusprechen. Ali tänzelt unruhig hin und her. Sogar dem erfahrenen Biri ist der Nervenkitzel vor diesem wichtigen Spiel anzumerken.

Der Präsident des Fussballverbandes richtet, wie zuvor der Minister, noch einmal einen flammenden Appell an die Spieler. Draussen vor den aus Stacheldraht gebildeten Abgrenzungen des Camps stehen die Fans, aber auch viele Sicherheitsbeamte, die alle Fremden misstrauisch beobachten. Das ganze Camp ist hermetisch abgeriegelt. Auf der Massagebank knete ich im Schnellgang noch einmal alle Spieler durch: mehr psychologische Aufbereitung als sinnvolle Massnahme. Inzwischen weiss ich um die Kräfte, die

in diesen Menschen schlummern, wenn sie mental angesprochen werden; habe gelernt, auch kleine Probleme ernst
zu nehmen, hineinzuhorchen in die Spieler, zu reagieren,
wenn Unvorhergesehenes passiert. Aber auch mir sind
Grenzen gesetzt, das weiss ich. Möge Allah gleich im Stadion ein wenig mithelfen!

Noch 60 Minuten bis zum Anpfiff. Garba Touray, mein
Aussenverteidiger, ausgestattet mit der Lunge eines Pfer-
des, die es ihm ermöglicht, mit in die Offensive zu gehen,
um dann umgehend wieder Abwehraufgaben zu übernehmen, ist noch nicht da. Am Tag zuvor hatte ihn eine schlech-
te Nachricht erreicht: sein Sohn, erst eine Woche vorher zur
Welt gekommen, war schwer erkrankt. Ich hatte Garba die
Erlaubnis erteilt, sofort ins Krankenhaus zu fahren. Nun muss
ich mich langsam, aber sicher, mit dem Gedanken abfinden,
einen Ersatzmann zu nominieren. Doch plötzlich steht Garba Touray in der Tür.

*Generalprobe vor dem Afrika-Cup: Freundschaftsspiel mitten
im Busch – mit Halbzeitpause unter glühender Sonne.*

Alle merken sofort: da ist etwas passiert! Garba kommt auf mich zu, seine Augen sind feucht. "Mein Sohn ist gestorben, wir haben ihn bereits begraben!"

Unter dem Arm trägt er seine Sporttasche, stellt sie auf den Boden, holt wortlos seine Fussballschuhe heraus.

Will Garba wirklich spielen? Ich wage kaum zu fragen. Im Raum ist es still geworden. Alle warten, dass etwas passiert.

Dann sagt Garba: "Coach, wir haben monatelang zusammengearbeitet, wir alle. Ich habe mit meiner Frau gesprochen. Sie ist dafür, dass ich spiele. Für Sie, Coach, für die Mannschaft, für mein Land!"

Ich habe Bedenken, ob Garba den auf ihn zukommenden nervlichen Strapazen gewachsen sein wird. Mein Blick geht hinüber zu Babucarr Sowe, dem Kapitän. Der nickt nur kurz. Die Mannschaft ist dafür.

Babucarr denkt immer so wie alle. "I'm sorry – tut mir leid, Garba!" sage ich und drücke ihn an mich. "Mach dich fertig!" rufe ich ihm zu.

Im Stadion wird es immer lauter. Das rhythmische Trommeln erinnert mich an alte Indianerfilme. Ich spüre die Gänsehaut im Rücken, gehe vor die Tür, muss tief durchatmen.

Drüben, in der Kabine des Stadions, gebe ich jedem noch einmal die Hand, sage ein paar aufmunternde Worte. Plötzlich zündet Babucarr Sowe mitten in der Kabine eine Kerze an. "Für Garbas Sohn", sagt er, "für ihn wollen wir heute spielen!"

Garba sieht es, richtet sich auf. Ich merke, wie sehr er sich freut.

Dann sind Garba und seine Kameraden für die nächsten 90 Minuten allein. Im Hexenkessel der Fans, die einen ohrenbetäubenden Lärm machen. Die Mannschaft spielt mit voller Entschlossenheit, wirkt aggressiv, greift frühzeitig an. Doch Malis Abwehr, mit den langen Kerls mittendrin, reagiert abgebrüht. Viele Bälle werden absichtlich ins Aus geschlagen, um Zeit zu gewinnen.

Die Zuschauer pfeifen. Biri lenkt aus dem Abwehrzentrum heraus das Spiel, im Mittelfeld ist vor allem Amadou Adams der Antreiber. Sowe hat defensive Aufgaben übernommen,

Jubel am Nationalfeiertag:
Gambia erreicht das Finale um den Afrika-Cup.

soll den Spielmacher Malis, der als Profi in Frankreich sein Geld verdient, ausschalten. Vorn ist Aziz Corr ungemein beweglich, beschäftigt Vorstopper und Libero gleichermassen. Von links macht James Freeman Druck, und rechts setze ich meine ganze Hoffnung auf Pele. Doch zunächst ist er mehr damit ausgelastet, seinem Gegenspieler nachzulaufen, der über die linke Seite kommt und präzise Flanken in den Strafraum schlägt.

Ich warte gespannt, wie Rechtsverteidiger Garba reagiert. Gegen das offensiven Spiel Malis über die linke Seite sollen seine Vorstösse unser Konterspiel einleiten, bei dem sich zeigen soll, wer die besseren Karten hat. Tatsächlich wird Garba immer stärker, gewinnt die Zweikämpfe und marschiert nach vorn.

Nun kann sich auch Pele mehr Raum verschaffen, kommt besser ins Spiel. Amadou Adams versucht, einige Weitschüsse anzubringen. Der gegnerische Torhüter, wie Ali ein Hüne, hat jedoch keine Mühe, fängt alle Bälle mit stoischer Gelassenheit ab. Moudou Touray, der immer von Paul Breitner schwärmt, wird besser, kann bei Kopfbällen sehr gut mithalten und fährt eisenhart dazwischen, wenn der Gegner die Mittelfeldlinie überquert hat.

Vor Biri lässt Alhaji Sarr, unser Vorstopper, nichts anbrennen, erhält Sonderbeifall vom Publikum für seine technischen Kabinettstückchen. Doch was ist mit Aziz Corr, unserer Sturmspitze? Er lässt sich zurückfallen, will sich der hautengen Deckung entziehen. Auch Freeman lässt nach. Viel gelingt nicht.

Mali holt zwei Eckstösse hintereinander heraus. Einmal

haben wir Glück, als Ali den Ball nicht weit genug wegfausten kann und der Gegner knapp verfehlt. Obwohl das Spiel nicht wie erwartet läuft, ist die Spannung kaum zu überbieten.

Bei Halbzeit steht es 0:0. Von den Rängen kommt Beifall. Ein gutes Zeichen. Bei Kerzenlicht sitzen wir in der Kabine. Garba hat bisher grossartig gespielt. Idakar, der linke Verteidiger, klagt über eine schmerzhafte Prellung. Ich schaue mir die Verletzung an, lege Eis auf. Er nickt: es geht.

Aziz Corr und Pele sollen nun öfters die Positionen tauschen. Ob Pele, dieser noch so unerfahrene, aber andererseits so selbstbewusste Junge, nicht vielleicht doch zu schnell in das Fegefeuer eines so schweren Spieles geschickt wurde?

Der schrille Pfiff des bisher guten Schiedsrichters lässt mir keine weitere Zeit zum Nachdenken. Noch schnell ein paar aufmunternde Worte, dann geht es wieder rein in die brodelnde Arena.

Was dann geschieht, kann ich kaum fassen. Gambias Mannschaft spielt sich in einen wahren Rausch hinein, angefeuert von den 40 000 auf den Rängen. Es gelingen Doppelpässe, wie wir sie im Training immer wieder geübt haben. Kein Spiel hin und her, im Gegenteil: der Scherentrick funktioniert. Bälle über 20, 30 Meter, und jetzt wird sogar gezielt aufs Tor geschossen.

Malis Torhüter fliegt in die Ecken, rettet einmal mit den Fingerspitzen. Entzückt springen auch die in festliche Kleider gehüllten Damen in der Ehrenloge auf.

Noch 15 Minuten. Das Tempo ist weiterhin hoch. Mali verteidigt, die Abwehrspieler steigen immer härter ein. Dann schlägt Amadou Adams einen Traumpass über 30 Meter zu Aziz Corr, der macht eine blitzschnelle Drehung, lässt zwei Spieler von Mali schlecht aussehen. Ehe Aziz zu erkennen gibt, was er vorhat, kommt von hinten Pele herangebraust, nimmt Aziz den Ball praktisch vom Fuss und knallt ihn von der Strafraumgrenze in die obere linke Ecke. Tor! Toor! Tooor!

Unbeschreibliche Jubelszenen spielen sich ab. Ich blikke auf meine Uhr, bin völlig durchgeschwitzt. Die Begegnung ist noch nicht zu Ende.

Zweimal wehrt Ali ab. Jetzt steht Gambia unter Druck, lässt sich mit fast allen Spielern in die Abwehr zurückfallen. Ich schreie vergeblich über den Platz. In diesem Getöse hört mich keiner. Die Sicherheitskräfte und Ordner im Stadion können die immer mehr an den Spielfeldrand drängenden Zuschauer nicht mehr zurückhalten. Eine Kleinigkeit wird genügen, um die in Ekstase geratene Menschenmenge ausser Kontrolle geraten zu lassen.

Ein Gegentor in den letzten Minuten – ich wage nicht daran zu denken. Biri steht im Abwehrzentrum, spielt souverän, das beruhigt mich. Qualvoll langsam bewegen sich die Uhrzeiger. Ich versuche immer wieder, den Spielern ein Zeichen zu geben, sich nicht noch mehr zurückdrängen zu lassen, hoffe auf einen schnellen Konter.

Die letzten Sekunden. Biri schlägt den Ball weit in des Gegners Hälfte. Mali greift wieder an, aber auch beim Gegner haben die vorausgegangenen 89 Minuten Spuren hinterlassen. Fehlpass. Endlich! Der Pfiff des Schiedsrichters. Was sich nach diesem Spiel im Stadion abspielt, kann ich mit Worten nicht mehr beschreiben...

Wir liegen uns in den Armen. Draussen vor dem Stadion wird getanzt. Gambia feiert den "Tag der Unabhängigkeit" mit einem 1:0-Sieg über Mali.

Die "Gambia News" berichten vom besten Spiel in der Geschichte des Fussballs von Gambia. In der Kabine kommen wir, es ist fast Mitternacht, noch einmal zusammen. Die kleine Kerze, die wir zum Zeichen der Trauer über den Tod von Garba Tourays Sohn angezündet haben, brennt noch immer. Garba weint.

Draussen warten Tausende auf die Spieler der gambischen Nationalmannschaft, die sie vor Freude erdrücken wollen.

Noch immer sind die Trommler aktiv, ertönen die Sprechchöre: "Gambia will win the Cup – Gambia wird den Cup gewinnen!"

Auch ich stehe mitten im Pulk, muss viele Hände schütteln, höre immer die gleichen Worte: "Thank you, Coach – Danke!"

Die Flutlichtmasten sind auf Sparflamme geschaltet. Dieses Schauspiel im Halbdunkel, mit Menschen, die man kaum richtig erkennen kann, könnte heissen: Der Aufstand der Zwerge.

Köstliches Mahl nach dem Sieg über Mali.

Nach unserem köstlichen Mahl, Hähnchen und Fisch vom Grill mit stark gewürztem Reis, viel Gemüse und Obst, gehen wir noch einmal gemeinsam die paar Schritte hinüber ins Camp, bleiben noch eine Stunde auf. Pele, der ein grosses Spiel gemacht hat, ist glücklich, aber auch völlig ausgepumpt. Ich freue mich für ihn, drücke ihm ganz fest die Hand.

Pele sagt nur: "Danke für alles, Coach!"

Ich lege mich auf meine Liege, höre noch aus der Ferne die Trommeln der begeisterten Gambier, weiss nicht, ob ich wach bin oder schon schlafe. Das ist mir jetzt auch völlig gleichgültig.

Die
Wunderpille

In Gambia beginnt ein neuer Morgen. Wieder kommt die Sonne sehr spät hinter der aus feinstem Sand gebildeten Dunstglocke hervor. Es läuft alles nach Plan. Unser Programm: zweimal am Tag Training, Ausflüge in die nähere Umgebung, abends Zusammenkünfte im Aufenthaltsraum der Baracke mit dem grossen Ventilator unter der Decke, Filmvorführungen.

An der Seite die Tafel für taktische Planungen auf dem Spielfeld. Die aus Deutschland mitgebrachten Multivitamin-Präparate haben ihren medizinischen, aber auch psychologischen Zweck voll erfüllt. Die Burschen um Kapitän Babucarr Sowe strotzen vor Kraft. Noch bevor die Spieler im Speiseraum des Sporthotels Platz nehmen und auf ihr Frühstück, bestehend aus viel Weissbrot, Butter, Marmelade, Milch, Tee oder Kaffee, warten, habe ich meine Vitaminbomben auf dem Tassenuntersatz plaziert.

In diesen Tagen macht mir ausgerechnet Amadou Adams, das grosse Talent im Mittelfeld, Sorgen. Er wirkt kraftlos, apathisch. Amadou, den ich einmal "Babyface" genannt habe und der diesen Namen nicht mehr los wird, scheint krank zu sein oder hat seelischen Kummer. Ich bitte ihn, abends zu mir aufs Zimmer zu kommen.

Sein Anklopfen ist so leise, dass ich es kaum höre. Mir gegenüber sitzt ein völlig veränderter Amadou. Den Kopf nach unten gebeugt, die Augen fest geschlossen.

"Amadou – irgendetwas bedrückt dich, seit Tagen kann ich das beobachten. Mit mir kannst du über alles reden. Ich möchte wissen, was es ist, vielleicht kann ich dir helfen!"

Amadou sagt minutenlang gar nichts. Krank sieht er eigentlich nicht aus. Hat er Probleme mit seiner Familie, vielleicht Liebeskummer? Amadou verneint solche Vermutungen. Langsam werde ich unruhig. "Amadou, irgendetwas stimmt nicht, du musst darüber reden, bitte!"

Endlich reagiert er, lässt seine auf der Brust verschränkten Arme fallen, blickt mich an. "Coach", sagt er, "in unserer Mannschaft ist ein schlechter Mensch, der mir jeden Morgen die Pille stiehlt!"

Des Rätsels Lösung! Die Vitaminpille steckt bereits so im Bewusstsein der Spieler, dass ein Absetzen diese Folgen

In einer Person:
Trainer, Mediziner, Seelsorger und Betreuer.

erklärt. Ich bin erleichtert und finde schnell eine andere Lösung: Amadou soll jeden Morgen seine Tablette bei mir persönlich abholen. Und weil ich meine Absicht gleich dokumentieren will, hole ich aus dem reichhaltigen Vorrat eine Pille heraus. Gierig greift Amadou danach und lässt sie mit einer schnellen Bewegung im Mund verschwinden. Ohne ein Wort zu sagen, verlässt er den Raum.

Als ich am nächsten Morgen, lange vor dem Frühstück, schon einen kleinen Rundgang mache und am Trainingsplatz vorbeikomme, stutze ich. Dreht da nicht Amadou Adams seine Runden? Er ist es tatsächlich. "Everything okay, Amadou?" rufe ich hinüber. Amadou stutzt für einen Moment, reduziert sein Tempo und ruft herüber: "I feel much better today!"

Na also, denke ich. Dieses Problem kann abgehakt werden. Es lebe der Placebo-Effekt!

Amadou Adams befindet sich in dieser Beziehung in allerbester Gesellschaft. Die Trainer und Ärzte unserer deutschen Sportler können da manch' lustige Geschichte erzählen, wenn es darum geht, ihre Athleten vor dem Wettkampf mit sogenannten "wertvollen Vitaminen" zu versorgen. Die Afrikaner unterscheiden sich vielleicht nur in diesem einen Punkt von den Sportlern der westlichen Welt: sie sind gläubiger, haben ein tieferes Vertrauensverhältnis zu ihrem Trainer. Das aber etwa mit Dummheit oder Naivität gleichzusetzen, wäre ein Irrtum...

Bei Torhüter Ali helfen keine Pillen. Er hat sich im Training am Kopf verletzt, seine Oberlippe ist aufgeplatzt und blutet heftig. Schwindelgefühle kommen hinzu. Wir fahren Ali ins

Royal-Victoria-Hospital nach Banjul, um die Wunde an der Lippe nähen zu lassen. Alis schmerzerfüllte Schreie hallen durch das ganze Obergeschoss, denn alles geschieht ohne örtliche Betäubung. Im Krankenhaus ist kein Platz, also fahren wir ins Camp zurück.

Nachts stellt sich hohes Wundfieber ein, das mit Penicillin gesenkt werden kann. Ich vermute ausserdem eine leichte Gehirnerschütterung. Nach Mitternacht klopft Ali gegen die Holzwand, weckt das ganze Camp. Ich springe auf, gehe zu ihm hinüber. Obwohl er möglichst nicht sprechen soll, bewegt er seine Lippen, verlangt nach seinen Fussballschuhen, sackt wieder in sich zusammen.

Ich lege eine kühlende Kompresse auf seine Stirn. Doch zwei Stunden später hämmert Ali erneut gegen die Wand, schreit: "I need my football shoes!"

Ali phantasiert. Aber wir wollen ihm den Gefallen tun. Im Raum sind die Schuhe nicht. Einer kommt auf die Idee: vielleicht liegen sie noch auf dem Sportplatz. Mit einer Taschenlampe suchen wir das ganze Gelände ab – und finden die Schuhe. Als Ali seine Fussballschuhe sieht, huscht ein leises Lächeln über sein Gesicht. Sekunden später schläft er zufrieden ein. Nach zehn Tagen steht er wieder im Tor. Gott sei Dank!

*****

Im Camp hat sich der Staatspräsident angemeldet. Schon in aller Frühe stehen die Spieler am Brunnen, reinigen sich an diesem Tag besonders gründlich, schlüpfen in die tollen Trainingsanzüge und diskutieren aufgeregt miteinander.

Als seine Exzellenz, Sir Jawara, in einer schwarzen Limousine mit dem Stern auf der Haube vorfährt, stehen alle in Reih und Glied.

Der Präsident reicht jedem die Hand, bittet, Platz zu nehmen. Ehrfürchtig hören alle zu. Für die Ehre des Landes sollen sie spielen, ganz Gambia wird auf sie blicken.

Saul Njie, der Reporter von Radio Gambia, ist natürlich auch da. Als der Präsident aus dem Camp wieder in Richtung Banjul fährt, stehen die Spieler Spalier, klatschen Beifall.

Beim anschliessenden Training sind sie mit dem doppelten Eifer dabei. Der Besuch hat sie motiviert. Eigentlich kann es schon morgen losgehen...

Tauben
für den Frieden

Die alte Frau mit der weissen Taube im Käfig ist rechtzeitig im Trainingscamp der gambischen Fussball-Nationalmannschaft eingetroffen. Kapitän Sowe nimmt das alte Gestell mit dem schneeweissen Vogel in Empfang, drückt der Frau ein paar Dalasis in die Hand. Das Geschäft ist damit perfekt.

Eine Stunde später läuft Gambias Nationalmannschaft unter dem tosenden Jubel von 40 000 Zuschauern ins vollbesetzte "Stadion der Unabhängigkeit" ein, zuversichtlich, das Endspiel um den Afrika-Cup zu gewinnen. Gegner ist Nachbar Senegal.

Der Schiedsrichter ruft die beiden Mannschaftskapitäne zur Spielmitte. Die Wimpel werden ausgetauscht und die Platzwahl durchgeführt. Doch ehe die Begegnung losgeht, bilden die Spieler Gambias einen grossen Kreis, aus dem sich plötzlich die weisse Taube der alten Frau löst und davonflattert.

Jubel brandet auf. Eine Taube für den Frieden, eine Taube als Zeichen der Hoffnung, den Nachbarn besiegen zu können.

Doch auch Senegal hat sich etwas einfallen lassen. Die Spieler bilden einen Kreis zum rituellen Schwur, dann fliegt ebenfalls eine weisse Taube gen Himmel. Danach eine zweite. Eine dritte.Insgesamt sechs Tauben gelangen in die Freiheit.

Gambias Spieler stehen wie angewurzelt da, unterbrechen alle Lockerungsübungen, blicken voller Entsetzen zur Trainerbank. Da sitze ich, ihr deutscher Trainer. Fest über-

142

zeugt, dass wir nach den vorausgegangen Erfolgen nun auch den begehrten Afrika-Cup gewinnen werden.

Ich hole meine Spieler noch einmal kurz zusammen. Ich versuche, ihnen klarzumachen, dass es nur darauf ankommt, zu zeigen, was wir gelernt haben.

Saihou Sarr steht neben mir und kann seine Erregung nicht verleugnen. "Der Cup, Coach", sagt er, "der Cup, wir müssen ihn gewinnen, aber das mit den Tauben ist kein gutes Omen. Wir werden nicht den Hauch einer Chance haben, sehen Sie nur, wie versteinert alle dreinblicken, selbst Babucarr, der Kapitän!"

Während sich beide Mannschaften aufstellen und die Nationalhymnen erklingen, pulsiert auch das Blut in meinen Adern, das Herz schlägt hoch bis zum Hals, auf der Stirn bilden sich Schweisstropfen.

Das Abspielen der beiden Nationalhymnen wird begleitet vom Trommeln der Fans. Aus dem benachbarten Senegal sind an die 10 000 Menschen herübergekommen. Das Senegal-TV überträgt das Spiel direkt in das Nachbarland.

Ich kann keinen klaren Gedanken fassen. Wie soll ich reagieren? Was kann ich tun, um den Spuk aus den Köpfen meiner Spieler zu vertreiben? Wie war das damals mit dem FC Wallidan und dem angeblich verzauberten Weg? Wir fanden einen Ausweg, nahmen den Transporter und fuhren eine andere Strecke, dem Spuk einfach davon.

Wie war das mit dem Tod von Garbas Sohn? Wir zündeten eine Kerze an, beteten für das verstorbene Kind. Aber jetzt, wenige Minuten vor diesem Spiel, bin ich hilflos. Was, um Himmels Willen, kann ich tun, um meine Spieler kurz vor dem Anpfiff zu beruhigen?

Hinzu kommen diese meist verdrängten Ängste vor den Senegalesen, die Feindseligkeiten zwischen beiden Ländern, trotz des senegambischen Abkommens, trotz der Versicherung von drüben, dass man niemals Gambia in seinen Besitz bringen wolle.

Aber diese Tauben sind in das Unterbewusstsein der Spieler eingedrungen, bei den Jüngeren wie Pele, bei den Älteren wie Biri. Es war ein warmer Tag gewesen, doch jetzt in den Abendstunden zieht eine kühle Brise vom nahen Meer herüber. Ich atme tief durch, die frische Luft tut gut.

Die Minuten vergehen schneller, als ich meine Gedanken ordnen kann. Ich weiss nur das eine: hätte ich jetzt doch die Zeit, meine Mannschaft für 20 Minuten um mich zu haben, mit ihr zu reden, ihr klarzumachen, dass heute allein ihre phantastische Kondition zählt, die wir uns in Monaten erarbeitet haben, das taktische Verhalten, die Kopfballstärke, die Einsatzbereitschaft...

Technisch, darüber bestehen keine Zweifel, wird der Gegner mit all seinen Profis aus Frankreich ein Übergewicht haben. Aber das muss nicht den Ausschlag geben. Ich habe die Idee, mit einem kurzen Appell der Mannschaft zu vermitteln, dass Senegals Trick zwar als Feindseligkeit anzusehen ist, die Tauben aber in ihrer Funktion als Symbol des Friedens auch etwas Positives bewirken könnten. Daran, nur daran sollten sie denken. Ich hoffe, meine Leute mit diesem Gedanken wieder aufrichten zu können.

Als sich nach Gambias Nationalhymne die Spieler aus ihrer Formation lösen, hole ich meine Freunde noch einmal zusammen. Und es gelingt mir, in knapp einer Minute mehr schreiend als ruhig – anders hätte man mich in diesem Hexenkessel kaum verstanden – den Gedanken mit dem Frieden und den dafür in die Freiheit gelangten Tauben zu formulieren. Mein Englisch ist in diesem Augenblick zwar nicht gut, doch die Spieler scheinen mich zu verstehen.

Auch Saihou Sarr unterstützt mich, klopft jedem auf die Schulter. Mit Pele wechsle ich einen kurzen Blick. Er nickt. Was ist mit Kapitän Sowe? Auch er nickt. "We will try our best, Coach!" sagt er. "We play for peace – wir spielen für den Frieden!"

Und Gambias Nationalmannschaft ist stark wie nie zuvor, setzt den Gegner mit all seinen Stars mächtig unter Druck. Aziz Corr, der endlich so spielt, wie ich es schon lange erwartet habe, schiesst ein Tor, das der Schiedsrichter wegen Abseitsstellung nicht anerkennt. Was ihm den Unwillen der Zuschauer einträgt, die wiederum von weit her aus dem Busch angereist sind.

Aber Senegal weiss sich zu wehren. Der Torhüter pariert einen Schrägschuss von Pele, der wie im Training seinen Gegnern die Bälle durch die Beine spielt und prächtige Flanken schlägt. Doch das Tor, das so wichtige Führungstor will nicht fallen. Bei Halbzeit steht es 0:0. Ein ganz spannendes Spiel!

Hardy Kluge, der deutsche Entwicklungshelfer, drückt mir die Hand. "Ihr gewinnt, da wette ich!" sagt er. Ich möchte ihm gerne glauben.

In der Kabine verteile ich Lob, pauschal, hebe keinen besonders hervor, kritisiere nicht. Sage nur das eine: "Ein Spiel ist nur dann zu gewinnen, wenn wir ein Tor mehr schiessen als der Gegner. Ein Treffer, dann ist der Cup in unseren Händen!" Bei dem Wort Cup schauen mich alle Spieler an, ihre Augen bekommen einen eigenartigen Glanz. Die auf mich blickenden Spieler sind heute bereit, wirklich alles zu geben, das sehe ich. Und hoffe auf die zweite Hälfte.

Draussen erwartet uns der Jubel von 30 000 gambischen Fans, die 10 000 Senegalesen pfeifen. Die Fernsehkameras konzentrieren sich nur auf die hereinkommende senegalesische Mannschaft. Oben in der Rundfunkkabine sitzt Saul Njie, der Reporter von Radio Gambia. Er ballt die Faust, die nach oben zeigt, was so viel heisst wie: es muss gelingen!

Der Cup muss her: Gambias Fussball-Nationalmannschaft vor dem Endspiel um den Afrika-Cup gegen Senegal.

Die zweiten 45 Minuten ähneln der ersten Hälfte bis ins Detail. Gambia kontrolliert das Spiel, die Profis aus dem Senegal sind nervös, schlagen viele Bälle weit unter das Tribünendach, um Zeit zu finden, das Spiel neu zu ordnen. Doch die Gambier in ihrer schmucken blau-roten Spielkleidung aus Deutschland lassen nicht locker.

Pele umspielt zwei Senegalesen, steht zehn Meter vor dem Tor, zieht ab. Doch wie eine Wildkatze schnellt der gegnerische Torhüter in die Ecke, lenkt den Ball über das Tor. Wir sind aufgesprungen, setzen uns enttäuscht wieder hin.

Noch zehn Minuten. Modou Touray, bis dahin ein Vorstopper wie aus der Ersten Englischen Liga, gewinnt einen Zweikampf, will Adams im Mittelfeld anspielen. Der Pass misslingt. Sofort kommen die Senegalesen heran, dringen in den gambischen Strafraum ein, der Mittelstürmer zieht ab: 0:1.

Torhüter Ali Samba geht in die Knie, lässt den Kopf hängen. Senegals Anhang schwenkt die grossen Fahnen. Von oben höre ich Saul Njie aus seiner Sprecherkabine schreien: "The Cup seems to be lost – der Pokal scheint verloren!"

Doch mit Saihou Sarrs Hilfe mobilisiere ich noch einmal die Kräfte meiner Mannschaft, bringe zwei neue Spieler, gebe Biri das Zeichen, seine Libero-Rolle aufzugeben, mit nach vorn zu gehen. Jetzt oder nie!

Die gambischen Spieler kämpfen, rennen, gehen mit wilder Entschlossenheit in die Zweikämpfe. Die letzten Minuten gehen unter im Gebrüll der Zuschauer. Als der Schiedsrichter, ein unübersehbarer Zweimetermann, abpfeift, jubeln die einen und drehen eine Ehrenrunde, während sich die anderen enttäuscht fallen lassen. Wie erschlagen liegen meine Spieler auf dem Rasen, regen sich nicht. Aus! Vorbei!

Der Cup geht ins benachbarte Senegal.

Mit Saihou laufe ich auf den Platz, versuche, meinen Spielern begreiflich zu machen: "Das Leben geht weiter! Oben wartet der Staatspräsident, um euch die Hand zu schütteln, euch zu danken. Ihr habt grossartig gespielt. Zeigt, dass ihr faire Verlierer sein könnt."

Nur mühsam gelingt es ihnen, auf die Beine zu kommen. In der Ehrenloge nimmt Senegals Kapitän, der als Profi in Paris spielt, den grossen Pokal entgegen. Daneben wartet ein etwas kleinerer Pokal aus Silber auf meine afrikanischen Freunde.Kapitän Sowe ergreift ihn mit beiden Händen, gibt ihn dann weiter. Sicherheitsbeamte umlagern den Präsidenten, sorgen dafür, dass er wenig später aus dem Stadion geleitet wird.

Als ich nach dem Zeremoniell in die Kabine komme, weiss ich, dass eine solche Chance nie wieder kommen wird. Das war der Cup, den dieses Land nur einmal gewinnen wollte, und der in all den vorausgegangenen Jahren unerreichbar schien! Heute Abend waren wir so nah dran. Andererseits: war dieser zweite Platz nicht doch ein Erfolg für dieses kleine Land, das gerade genug Luft zum Leben hat, das sich aber dennoch anschickte, den Riesen zu bezwingen?

Auf dem Weg nach unten begegne ich dem französischen Trainer Senegals. "Kompliment", sagt er, "einen so starken Gegner hatten wir seit Jahren nicht mehr!" Die Worte freuen mich zwar, trösten können sie mich aber nicht.

In der Kabine erwartet mich ein Überraschung . Die Spieler sitzen im Kreis, haben die Bänke in den Nebenraum geschoben. In der Mitte steht wieder ein Käfig, darin zappelt eine weisse Taube. Noch ehe ich nach dem Grund fragen kann, spricht mich Babucarr, der Kapitän, an: "Coach, wir haben verloren, aber auch an Ihre Worte vor dem Spiel gedacht und für den Frieden gespielt. Und deshalb möchten wir jetzt noch dieser weissen Taube die Freiheit geben!" Im ersten Augenblick glaube ich zu träumen, hatte ich doch in der uns inzwischen so vertraut gewordenen Kabine eher die totale Resignation erwartet.

Ich werde hinausgeschoben; wir gehen den langen Gang entlang nach draussen. Es ist Vollmond. Auf dem Rasen des Stadions bilden wir alle noch einmal einen Kreis. Babucarr öffnet den Käfig, und als die Taube in den Nachthimmel entschwindet, jubeln meine Spieler wie kleine Kinder. "For peace!" sagt Babou Saho, der Torhüter. Andere stimmen ein: "For the peace in the world!"

Wieder ist der Speiseraum im Sporthotel hergerichtet. Doch die Spieler haben keinen richtigen Appetit, ziehen sich bald zurück. Auch ich gehe auf mein Zimmer, lege mich ins Bett, so wie ich die letzten Stunden erlebt habe, im Trainingsanzug.

Der Cup, wie gern hätte ich ihn in den Händen meiner Spieler gesehen, mich an ihrem Glück und dem Glanz ihrer Gesichter erfreut. Der Traum ist leider nicht in Erfüllung gegangen!

Am nächsten Morgen fahren wir gemeinsam zu einem Empfang ins Sportministerium. Jeder Spieler erhält eine Medaille und einen Geldbetrag von 200 Mark. Der Chef der Sicherheitspolizei nimmt mich beiseite und sagt mir etwas, was mir fast die Sprache verschlägt: ob ich gewusst hätte, dass dieses Endspiel ein hochbrisantes Politikum gewesen sei?

Rund 1 000 senegambische Sicherheitsbeamte waren eingesetzt, um im Stadion für Ruhe zu sorgen. Und auf mich, den deutschen Trainer, hätten zwei Leibwächter des Präsidenten ein Auge geworfen, meine Wege vor, während und nach dem Endspiel verfolgt. Man hatte befürchtet, dass die schwelenden Zwistigkeiten zwischen dem grossen Senegal und dem kleinen Land am Fluss im Falle eines Sieges von Gambia eskalieren könnten. Die Grenzen hatte man schon vor dem Endspiel vorsorglich abgesichert. Dort hatte es Jahre zuvor bereits blutige Unruhen gegeben, die hüben wie drüben verschwiegen worden waren, um Schlimmeres zu verhindern.

Der Chef der Sicherheitspolizei sagt es ganz deutlich: "Hätte Gambia das Endspiel gewonnen, wäre das vielleicht der Beginn einer kriegerischen Auseinandersetzung geworden und das senegambische Abkommen in die Brüche gegangen!"

An diese Worte denke ich oft, an die kritischen Berührungspunkte von Sport und Politik. Sie wurden mir in jenen Tagen fernab der Heimat deutlich vor Augen geführt...

Abschiedsgedanken

In ein paar Tagen wird mich der grosse Silbervogel wieder in die Heimat zurückbringen. Ganze sechs Flugstunden liegen zwischen Gambia und Deutschland. Aber in Wirklichkeit sind es Welten, die uns trennen. Andere Menschen, andere Sitten, andere Bräuche. Alles ist anders in Afrika!

In Erinnerung bleiben werden viele Erlebnisse, geprägt durch das gemeinsame Leben mit den Menschen einer anderen Kultur. Das ist wichtig und lässt Problemstellungen eher erkennen. Und es schafft mehr Verständnis für die Afrikaner vom Schwarzen Kontinent. Ich weiss, dass der Sport nur ein Mosaiksteinchen ist im Vergleich zur Notwendigkeit anderer, lebensnotwendiger Hilfestellungen, dass Hunger und Krankheiten bekämpft werden müssen; dass Hilfe nur dann überzeugend geleistet werden kann, wenn daraus Selbsthilfe wird.

Auch ist mir klargeworden, dass in Afrika die Aufgabe eines Trainers in erster Linie in der Menschenführung mit allen dazugehörigen Funktionen bestehen muss, dass er vieles in einer Person zugleich zu sein hat, nicht zuletzt Ansprechpartner für jeden einzelnen, und dass er dabei eine Art Vaterrolle übernehmen muss. Bei allem Respekt vor den Fortbildungslehrgängen des DFB oder auch des Fussball-Weltverbandes: diese Erfahrung hatte mir vorher niemand vermitteln können. Ich habe sie mir als Entwicklungshelfer vor Ort selbst erarbeitet, auch Erfahrungen für das Leben schlechthin gesammelt, die ich nie und nimmer missen möchte und die aus meiner Sicht wertvoller sind als alle Verlockungen, im Profifussball unserer Breiten tätig zu sein, für mich wertvoller als alle Angebote, die ich als Trainer und Manager bereits hatte.

Wie gut, dass ich die Arbeit in fernen Ländern, mit Afrikanern oder Chinesen wochen- und monatelang unter einem
Dach, vorgezogen habe. Ich will dabei das eine nicht ver-
teufeln und das andere nicht glorifizieren, sondern ganz einfach eine mir wichtige Erfahrung weitergeben.

Als ich, zwischen Rudi Gutendorfs Entlassung und dem
Kommen von Kuno Klötzer bei Kickers Offenbach vor Jahren in die Erste Bundesliga hineinriechen durfte, habe ich
mich wochenlang mit dem Gedanken beschäftigt, hauptbe-
ruflich in das Fussballgeschäft einzusteigen. Heute weiss
ich, dass die Arbeit fernab der grossen Arenen für mich wertvoller war als der Managerposten bei Eintracht Frankfurt
oder Bayer Uerdingen. Diese hätten mir mit Sicherheit ein
reichhaltiges Bankkonto beschert, aber niemals dieses tief
empfundene Glück!

**Dank an den Fussball-Entwicklungshelfer: Gambias Staats-
präsident Sir Jawara und Generalkonsul Engelbert Eichner.**

153

Ich möchte nicht falsch verstanden werden: ich akzeptiere den bezahlten Fussball mit allen Sonnen- und Schattenseiten, ich bin ihm beruflich nach wie vor eng verbunden. Auch glaube ich, dass die Mehrzahl unserer Bundesligaspieler nach wie vor eine gute Arbeitsmoral hat und die richtige Einstellung für ihren anspruchsvollen Beruf mitbringt. Doch meine Sehnsucht, nach Talenten wie Pele Ausschau zu halten, wird bleiben. Ich werde immer wieder neue Herausforderungen suchen, daheim und draussen.

Zum Abschied auf dem Flughafen sind alle meine Freunde da. Sie bringen Geschenke mit, die ich kaum noch im Gepäck unterbringen kann: Masken, ein aus einer Blechdose und einem Bambusstab gebasteltes Musikinstrument, Trommeln und viele kleine Beutel Erdnüsse.

Als die Maschine abhebt, winken mir die Afrikaner in ihren Gewändern nach. Und ich weiss, dass ich wiederkommen werde, um diese Arbeit fortzusetzen. Dass mehr als nur ein bisschen Herzblut in Gambia geblieben ist, liegt an diesen Menschen, die meine Freunde geworden sind...

Dann bin ich wieder zu Hause bei meiner Familie, benötige Wochen, manchmal Monate, um alle Erlebnisse zu verarbeiten.

Kurzzeitprojekte werden diese Einsätze genannt. Man ist Feuerwehr, steht zur Verfügung, wenn es darum geht, in wenigen Wochen oder Monaten ein Projekt abzuwickeln. Früher hat die Bundesrepublik Deutschland bei diesen Projekten manche Fehler gemacht, oft nach Prestigegesichtspunkten Mittel vergeben. Heute wird der Etat für Sport-Entwicklungshilfe im Ausland nach angemessenen Kriterien festgelegt, ist mehr Basisarbeit angesagt: die Ausbildung von Trainern und Schiedsrichtern, Aufbau von Schul-Fussballprojekten, Administration, Erste Hilfe...

Über den richtigen Einsatz der Sportentwicklungshilfe mache ich mir seit vielen Jahren ernsthafte Gedanken. Ich lese viel darüber, spreche mit den Verantwortlichen des NOK von Deutschland oder des Deutschen Fussball-Bundes, halte viel vom Erfahrungsaustausch unter Kollegen, die irgendwo in dieser Welt den Sport als Kulturprodukt vermitteln. Manchmal ist das auch ein lukratives Geschäft, wie Beispiele der Vergangenheit beweisen, wenn deutsche Fussballtrainer als Entwicklungshelfer in den arabischen Ländern von wohlhabenden Scheichs oder Öl-Millionären bezahlt worden sind. Ich habe dieses "Glück" nie gehabt, es auch nie gewollt!

Mich interessierten mehr solche Länder, in denen ich mit einfachsten Mitteln arbeite, aber damit ein Maximum an Ertrag erreichen konnte. In dieser Beziehung waren meine Ziele eigentlich immer nur auf den asiatischen und afrikanischen Kontinent ausgerichtet, wo auch Englisch gesprochen wird, was die Arbeit für beide Seiten erleichtert. Dabei ist mir die asiatische Höflichkeit und der Ehrgeiz, etwas zu lernen, genau so sympathisch gewesen wie die afrikanische Fröhlichkeit und Ausgelassenheit und die daraus resultierende Entfaltung des Einzelnen.

Weil ich in Gambia, dem kleinsten Land Afrikas, den Fussball kontinuierlich aufbauen und durch die dazugehörende Eigeninitiative auch über den Sport hinaus helfen konnte, eignet sich das "Projekt Gambia" besonders gut für die Darstellung der Arbeit eines Sport-Entwicklungshelfers.

155

Zugegeben: auch in Gambia stand die Betreuung einer Fussball-Nationalmannschaft an erster Stelle meiner Aufgaben. Vorbilder sind wichtig, spornen an. Doch ich habe diese Arbeit immer in einem engen Zusammenhang mit den anderen Aufgaben gesehen und gemacht.

Nicht alle Erlebnisse konnten in diesem Buch wiedergegeben werden, noch nicht einmal alle, die mich am stärksten beeindruckt haben. Dass mir ein kleiner Pele über den Weg lief, war ein reiner Glücksfall, für mich, aber vielleicht auch für ihn. Ich bin sicher, dass auf dem Schwarzen Kontinent viele 1 000 Peles leben, die gefördert werden müssten.

Afrikas Fussball hat zwar den grossen Durchbruch noch nicht geschafft. Doch Länder wie Algerien oder Tunesien – deutsche Angstgegner seit Jahren – Marokko oder Kamerun haben eine Aufholjagd begonnen, die weitere Erfolge zeitigen wird. In keinem Kontinent der Welt, das wage ich zu behaupten, wird mit mehr Herz und Temperament Fussball gespielt als in Afrika – selbst in Peles Brasilien nicht!

Wenn dieses aus Improvisation und Begeisterung bestehende Spiel noch den Feinschliff erhält, könnte Dettmar Cramer doch recht bekommen mit seiner schon vor Jahren gewagten Prognose: "Afrika wird im Fussball einmal ganz oben stehen!"

Ich bin glücklich, dass es mir möglich ist, an der Verwirklichung dieses Ziels ein wenig mitzuarbeiten.

Ein Afrikaner
in Berlin

Weihnachten in Berlin. Der junge Afrikaner hat sich einen Tannenbaum besorgt. Am Nachmittag kommt seine Freundin Katja und bringt deutschen Weihnachtsschmuck mit. Beide kennen sich seit ein paar Monaten, er ist 21, sie drei Jahre jünger. In seiner kleinen Wohnung, die ihm der Spandauer SV besorgt hat und in der er mietfrei wohnt, fühlt er sich wohl – ob richtig heimisch, weiss er nicht zu sagen.

Am letzten Sonntag hat er für den Berliner Oberligisten das entscheidende Tor geschossen und dafür von einem Gönner des Vereins einen Hundertmarkschein in die Hand gedrückt bekommen. Der junge Mann lebt seit über zwei Jahren in Berlin, spielte zunächst für den SC Charlottenburg und wäre um ein Haar mit diesem Verein in die Zweite Bundesliga aufgestiegen.

Sein Trainer in Charlottenburg, der ehemalige Verteidiger von Eintracht Frankfurt, Fahrudin Jusufi, hat ihn als grosses Talent bezeichnet, das weiter gefördert werden muss. Dann griff der Spandauer SV zu, beschaffte ihm eine Ausbildungsstelle als Tischler. Sein Chef ist gleichzeitig Mäzen des Vereins. Der Afrikaner kann von den Spesen und Prämien des Klubs sowie dem monatlichen Scheck seines Tischlermeisters ganz gut leben, besser auf jeden Fall als in seiner afrikanischen Heimat.

Alle vier Wochen überweist er einen Scheck nach Hause. Er hat noch sechs Geschwister, Eltern und Grosseltern, die ohne dieses Geld ihres Familienmitgliedes gerade das Notwendigste zum Leben hätten. Wenn er hin und wieder zuhause anruft, muss seine Familie vorher zwei Stunden lang im Bus sitzen, um das nächste Postamt zu erreichen. Seine Mutter, sagt er, hat ihn verstehen können, als er damals das Angebot aus Berlin annahm. Sein Vater jedoch leidet, vermisst seinen ältesten Sohn, hat aus Gram viel abgenommen. Aber ein Vorwurf kommt nicht über seine Lippen.

Neulich, bei der Jahres-Abschlussfeier seines Vereins, hat der Junge mit den sanften Augen ein grosses Transistorradio geschenkt bekommen. Doch er sagt: "Durch die Strassen meines afrikanischen Heimatdorfes würde ich mich mit diesem Geschenk nicht trauen, dazu ist mein Land zu arm, ich würde nur Neid erwecken und sie könnten sagen: Geh doch lieber wieder dorthin, wo du jetzt hergekommen bist, wir sind doch für dich schon lange nicht mehr gut genug!"

Solche Gedanken gehen ihm oft duch den Kopf. Er hat überhaupt seine kleinen und grossen Probleme. Wenn er mit seinem Verein auf dem Platz des Gegners spielt, hört er regelmässig hässliche Worte, die er, weil er Deutsch gelernt hat, verstehen kann. Sie stimmen ihn traurig. Trotzdem lässt er sich nichts anmerken. Er bleibt zurückhaltend, auch wenn es schwerfällt. Am wohlsten fühlt er sich inmitten seiner Mannschaftskameraden vom Spandauer SV. "Die sind immer nett und helfen, wo sie nur können!" sagt er.

Aber er fragt sich oft nach seinem wirklichen Zuhause. Afrika ist weit entfernt, das Leben in der kleinen Hütte ausserhalb der grossen Stadt nur noch Erinnerung. Doch wenn er nachts nicht schlafen kann, kommen viele Gedanken. Dann will er in Berlin alles hinwerfen und heimkehren an den grossen Fluss, wieder auf dem Sandplatz unter dem Affenbrotbaum Fussball spielen.

Im Spielerpass des Spandauer SV steht sein Name. Er klingt portugiesisch: Paul Gomez. Dieser Paul ist kein anderer als der Pele aus Gambia. Es hat wohl nichts mit dem Besitzanspruch der oft unbarmherzigen, ehemaligen Kolonialherren zu tun, wenn ich sage: Es ist mein Pele!

Im vergangenen Jahr habe ich ihn in Berlin besucht und zu ihm gesagt: "Was immer auch geschieht, dein Trainer steht noch immer genauso zu dir wie am ersten Tag unseres Kennenlernens im gambischen Busch!" Ich glaube, dass Pele weiss, auf wen er sich in einem fremden Land verlassen kann und auf wen nicht. Er hat das feine Gespür eines Afrikaners für diese Dinge.

Wir spazieren über den Kurfürstendamm. Peles Blicke peilen in regelmässigen Abständen die Auslagen in den Geschäften an. Er sucht nach Geschenken für seine Familie in Serekunda. Sein Verein hat ihm eine Reise in die Heimat spendiert. Es ist die erste nach seiner Ankunft in Deutschland. Wie ein Kind freut er sich darauf. In einem Café sitzen wir zusammen, plaudern über gemeinsame Zeiten am Gambia-River.

Paul Gomez "Pele": Ein Afrikaner im Trikot des Spandauer SV.

Ob er sich noch an der ersten Tag im Chinesencamp erinnern kann, frage ich ihn. Ein Strahlen geht über sein Gesicht. "Natürlich, Coach", sagt er, "diesen Augenblick werde ich in meinem ganzen Leben nicht vergessen!"

Wird er wirklich eines Tages zurückkehren in die Heimat? Pele weiss es nicht so recht . Auf der einen Seite gefällt ihm das Leben hier im Schmelztiegel von Berlin, wo er auch gambische Freunde hat. Andererseits könnte er nach seiner Tischlerlehre heimkehren und mit dem gesparten Geld in seinem kleinen Land einen eigenen Betrieb aufmachen. Und wieder für Gambias Fussball-Nationalmannschaft spielen. Reizen würde ihn das schon. Wir sitzen lange zusammen. Pele erzählt mir manches, was unter uns bleiben wird. Er sagt noch immer Coach zu mir.

Pele habe ich nach dem unvergesslichen Endspiel gegen Senegal und mit Hilfe des Olympischen Komitees von Deutschland nach Berlin vermitteln können. Ich war zunächst skeptisch. Doch was dieser Junge bereits jetzt aus sich gemacht hat, wie er seine Chancen beim Schopf fasst, das beeindruckt mich sehr. Wohin sein Weg einmal führen wird, das muss er ganz allein entscheiden!

In Gambia träumen unterdessen viele Fussballtalente davon, es diesem Paul Gomez mit dem Künstlernamen Pele nachzumachen, der natürlich den Wunsch hat, den Sprung in die Bundesliga zu schaffen.

Das Abenteuer am Gambia-River hat an der Spree in Berlin seine Fortsetzung gefunden.